U0045382

天下文化

BELIEVE IN READING

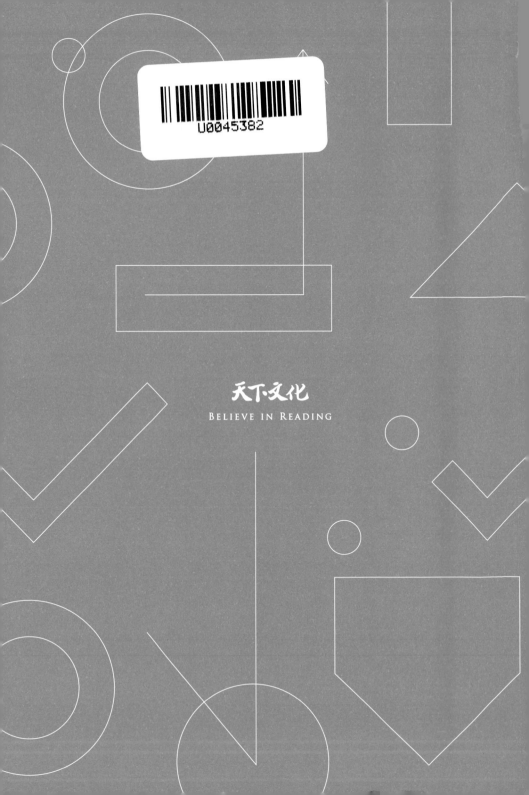

人生就像一場球賽

單局驚悚劇，九局是喜劇

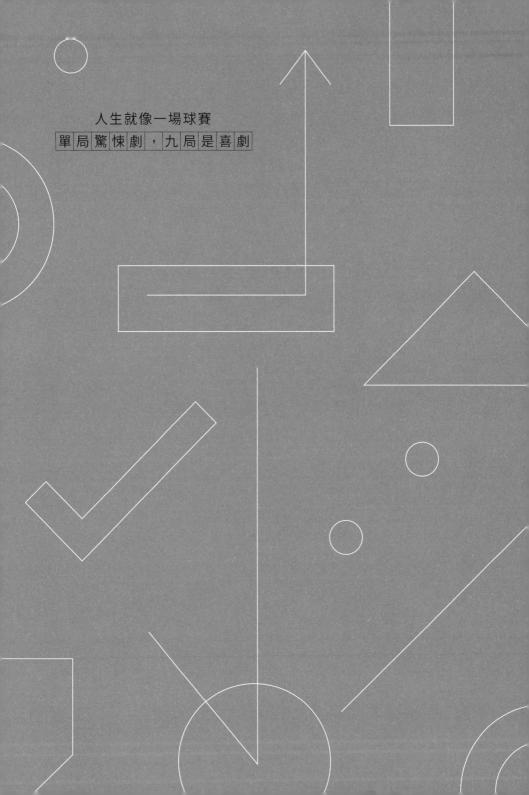

極限賽局

人生有限，但你能創造極限的5個心法

謝文憲——著

劉子寧——採訪撰文

天下文化 遠見

目錄

contents

Mindset 2

賦予動力——不斷揮棒才能打出全壘打

Mindset 3

創造連結——活成一道閃閃發亮的光

各界感動好評

跟憲哥一起創業、一起教課、甚至一起玩樂，但我仍不懂，憲哥現在的影響力是從何而來？是天賦異稟？或是後天努力。在台上台下，我看過憲哥的成功與光芒，也見過憲哥的失意與沉默。在濃縮這一切後，能得出怎麼樣的人生哲學？相信這本憲哥前半生的傳記《極限賽局》，能帶我們突破極限、看懂賽局。誠摯推薦給熱愛人生成長的大家！

——王永福（憲福育創共同創辦人、頂尖簡報講師）

放下執念，學習慈悲，願意與人同行，有能力就幫助別人，是生活的日常，也是修行的根本。承認自己一人無法成事，需要更多人來共同成就，才是社會互助之道。不要用急促的狀態度日，要用樂活的心境過活。人生苦難多，若能常用慈悲看待，較有機會回甘，也就一切無礙。這是我從好友憲哥書中學到的人生智慧。

——吳家德（NU PASTA 總經理、職場作家）

這是一本充滿故事的人生課本。憲哥無私地將他生命裡一段段的故事寫出來，讓我們對於人生有更深刻的認識，作為大家成長的養分。人生有時起，有時落，如何讓自己能量滿滿地面對起伏不定的人生？憲哥這本書絕對值得大家細細品味。

——**葉丙成（台大電機系教授、無界塾創辦人）**

恭喜我最有默契、最無可取代的好搭檔憲哥出新書。這本《極限賽局》，其實是人生系統強化說明書，極限讓我知道自己的人生系統可承受到怎樣的程度，還能再鍛練嗎？賽局則讓我自問，在我的內心認知裡，人生是一場什麼樣的比賽，和誰比？希望大家都能用這本書體驗到「強化人生系統，旅程更加精彩；打磨內心認知，賽局終將無限！」

——**劉宥彤（國家新創品牌 Startup island TAIWAN 計畫主持人）**

與憲哥商討創辦台灣運動好事協會之時，他正面臨癌症生死交關，而我則遭逢裁判工作低潮。二〇二〇年協會正式啟動，卻面臨新冠疫情來襲，接下來兩年則分別是他的父親與家父的陸續離世。我們兩人都與父親感情極為深厚，面對接連的打擊，我幾乎連維持正常生活都覺得吃力，感謝一直以來憲哥都用他的五大心法領著我前進，他不但是會說，而且身體力行，鼓舞著身邊的人一起向前行。讀到這本書的讀者們有福了，因為我們在人生的路途上將會一同向前！

——**劉柏君（台灣運動好事協會執行長）**

推薦序

平凡人的不平凡旅程

陳鳳馨（資深媒體人、News98《財經起床號》主持人）

第一次見到憲哥，就對他能言快語的表現留下深刻印象，我的職業生涯中遇到不少口才便給的人，但妙語如珠的憲哥不只讓全場哄笑不已，更重要的是三言兩語就能將一個觀念說明清楚，讓人留下印象。

我在那一刻想著，原來千萬講師的演說功力要達到如此境界。

我們兩人因說書而結緣，憲哥對我的邀約從不拒絕，更拉著我進入「大大讀書」的說書行列。我們是兩種完全不同個性的人，憲哥熱情熱心，我害怕與陌生人交談；憲哥敢於挑戰，我總追求平穩、可掌控，所以憲哥對我的刺激與啟發總是強烈。

翻開這本書，我才真正了解憲哥認真衝撞出極限人生的故事，原來他妙語如珠的演講功力不只是天賦，不計較眼前得失的一場場演講磨練，事後細膩檢討，才能打磨出今天的掌控能力。

每天的選擇，都決定我們的終點姿態

憲哥與我從認識到合作，偶爾同台過程中，我也親身感受，他的熱情、熱心不是表面的笑容而已，是真心付出、誠摯投入，所以在每個公開場合，他能與每位觀眾、學員交流，說出每個人背後的故事，書中他告訴大家，「把自己活成一道光，就能照亮他人」。我看到的憲哥似乎都能遇到為他付出的貴人，但憲哥不是坐著等待貴人，而是為自己創造值得貴人幫助的價值，更每刻思考不論對學員、同事、同行，如何建立連結，成為他人的貴人。

憲哥有句名言，「人生準備四〇%就先衝」，這句話常常敲打著我。我害怕失敗，沒有九成的準備，不敢向前跨一步，我以為要擁有掌控感，才能有安全感。但憲哥在書中以一個又一個的親身經歷讓我重新思考，失敗沒有想像中可怕。

理解風險掌握可控的變數，向自己的極限挑戰，即使可能會遭遇失敗、低谷，但跌宕起伏的人生，反而可以為我們的一生創造更豐富的色彩。

人生是「無限賽局」，在蓋棺論定那一天前，我們每天的選擇都決定我們的終點姿態。憲哥稱他的人生衝刺是「極限賽局」，這本書就是他的生命故事，但這本書不是一本單純的自傳，而是憲哥以他衝撞後的經驗，提煉出的人生心法。

每一代的年輕人可能都和當年的我一樣，在踏出校園、成為社會新鮮人之前感到徬徨、茫然，我確信這本書對每一位還在跌跌撞撞找尋自己生命賽局的朋友們，都深具啟發，願每位讀者都能活出自己人生的一道光。

推薦序

人生苦短，豈容卑微？

愛瑞克（TMBA 共同創辦人、《內在成就》系列作者）

曾任英國首相的班傑明・迪斯雷利（Benjamin Disraeli）說過：「人生苦短，豈容卑微？」這句話從我十九歲讀了之後，即奉為人生圭臬，自此珍惜時光、不為瑣事所困。如今拜讀《極限賽局》，再度喚醒我的鬥魂，感覺一定要馬上做些什麼，繼續挑戰人生各種新的可能，下定決心不枉此生！

自從我成為全職閱讀推廣者，每年速讀加上細讀合計一千本書，其中更以職場工作法相關書籍為重。我敢說，《極限賽局》絕對是其中的上乘之作！此書後座力甚強，書中好幾段敘事撼動了我，有不少金句也深深烙印我心。

就是這股力量，帶給聽眾強大動力

這是一本熱力滿滿的好書，不僅是憲哥大半生經歷的總結，更將職場及人生經營智慧全部鑲嵌其中，都是他以五十多年人生體會所歸結的重點，非常值得一看。憲哥是千萬講師，也是說故事高手，在書中屢屢看似平鋪直敘的親身經歷，不用複雜的架構或華麗的詞藻，卻能讓人感同身受、烙印心中，這便是他的天賦優勢。

他最強大的天賦在於演說。二〇二二年我認識憲哥的時候，他仍在癌症追蹤治療期間，但身體狀況絲毫不影響他在眾人面前演說的氣勢。我常說：「憲哥演講的時候，整個空間都會震動。」我是高敏人，每一場在台下聆聽他演說，我總是被震到頭皮發麻。就是這股力量，賦予每一位聽眾強大動力，驅使每個人向前邁進。此書當中有細談他如何找到自己的天賦優勢，並加以槓桿來放大效益，很值得大家學習。

書中談到「低潮時看見自己，高峰時看見別人」，道出了人生關鍵哲理。他從自己學生時期的心路歷程開始談起，論及每一段工作經歷，直到成為兩岸知名千萬講師。外人看似光鮮亮麗、羨慕不已，實則有如《紅樓夢》作者曹雪芹的感嘆：「滿紙荒唐言，一把辛酸淚。」他在浦東機場坐著輪椅嚎啕大哭的那一段，還有某天夜裡獨自在上海的飯店裡想要結束生命的那一段，都是出自肺腑的真心體會，也是獻給每個人的醒世洪鐘。但他還是走過了低谷的黑暗，體會光的可貴，進而活出自己的光、成為他人的光。

我曾見識過兩位前輩的強光。第一位是嚴長壽先生，他的著作《總裁獅子心》是我在二十一歲時讀到，便成為我的「命定之書」，那年我也參加了他人生第一場新書分享會，在台下的我暗自發願：「我要成為像他這樣的人」。然而現實的難處是，嚴總裁與我相差將近三十歲，我根本看不見他的車尾燈！因此，過去二十多年來，我不斷在台灣找尋合適的效法對象——直到我遇到憲哥，我很清楚，就是他了！就是這道光！

之前聽說憲哥罹癌，我相當擔憂。所幸，上個月再次相遇，恰好是他從醫院複診回來。他高高舉起手中藥包，對著我說：「這是我吃的藥，再來就不用再去了。因為追蹤檢查已經無異狀了！」他目前以「降載不停機」方式攀登人生第二曲線，成為「使命推動者」，絕對值得每一位讀者深思、借鏡。

這本書除了分享職場工作上的智慧和正向心態，更是一本能幫助讀者找出發自內心幸福快樂的人生使用說明書。願透過此書的指引，能幫助您活出最恢弘、燦亮的人生！

自序

用數學模型，解釋人生賽局

「別用現象解釋現象，請用理論解釋現象。」

這是我在企業「激發員工正向力」主管課程中，最常跟中高階說的話，既然如此，我自己肯定也得這麼做才行。

在書寫《極限賽局》的同時，我即將度過五十五歲的生日。在生日當天，有兩百位好朋友報名，即將在台北文創聆聽包含我在內共二十三位講者，談談屬於他們勇敢、熱情、突破極限的人生賽局故事，每位十二分鐘，用來代表我的生日：十二月二十三日。

我是何等的幸運?!

回顧我的人生，本書很像是我的前傳，記錄著我如何一路從平凡的小康家庭成長，靠著十五年「職場工作者」的奮鬥，到後續十五年「知識創業者」的延續，最後走進未來十五年「使命推動者」的放大，等三個人生階段的所有進程。

「要回顧自己的人生，太早了吧？」朋友這樣問我。

「人生是一連串美好回憶的組合，而此刻，正是我五十五年生命中，最美好的一刻。」

我除了走過低谷，看見使命以外，更想將自己的人生歷程，用一個可以試著套用的數學模型，讓更多年輕人試著採用，幫助大家突破並達成屬於自己的極限賽局。

公式是這樣看的。

首先，您得先找到自己的優勢與天賦，愈快愈好，別忘記傾聽自己內在的聲音，「愈快試錯，才是成功」，唯有如此，才有助於您不被世俗或

達成人生**極限賽局**成就的最大值

$$\left(\frac{(\text{優勢}+\text{動力})\ \text{X}\ \text{連結}}{\text{低谷}}\right)^{\text{使命}}$$

升學制度所低估。

光有優勢與天賦是不夠的，必須搭配動力與熱情，持續奮起，找到讓自己前進的理由，給自己一點時間，給時間一點時間，忍住寂寞，持續努力，用書中故事來說，就是要等待羽毛掉落的那一刻。

用優勢與天賦搭配動力與熱情，這是你我人生的起跑點（也就是公式小括號內的意義），俗話說「別讓孩子輸在起跑點」，說的肯定不是幼稚園、國小、國中的成績或才藝，那僅是學業成就而已，發現自己的優勢與天賦，進而理解自己的使用說明書，肯定比成績或數字重要百倍。

接著就是連結了。

看看您可以用前兩樣達成極限人生的賽局武器（優勢與動力），能跟誰連結？用我的話來說，就是把自己變成「ＨＵＢ」（樞紐），讓自己能被人所用，讓貴人發現你，進而成為他人的貴人。在公式內，我將「連結」解釋成關鍵變數的概念（也就是「優勢」加「動力」乘以「連結」），只要前兩項賽局武器大於一，連結只要愈好，效果就會愈大，就能放大個人價值，也表示，您能完成賽局的極限，就會愈高。

當然，您一定會走進低谷，遭遇挫折，面對人生苦難與折磨，相信您我都避免不了，總括來說，要避免人生五大風險（健康安全、經濟財富、社會連結、情感糾結、智識能力）雖然不容易，但盡量不要讓某項分數為零，只要風險能控制得當，每個人走出低谷的時間愈快，待的時間愈短，愈快能讓自己翻身，我們還是有可能放大極限賽局，挑戰人生各種可能。

所以低谷是分母，會大幅降低整個值，您要不就是提高分子，要不就是降低分母。用數學解釋人生哲理雖然不難，但每個人遭遇自己的問題時，希望都能理性面對，低谷的時間與程度，會決定您的人生極限能有多遠。

最後就是發現使命，用來印證俗語「五十知天命」，我還稍晚了一兩年，雖然我前面跑的很快。

我是二〇二一年前後，歷經電影、電視、疫情、父喪之後，才慢慢找回自己，發現自己存在的價值。沒多久的時間，我確定將拋開一切世俗衡量與評價，用我的餘生投入在「體育運動平權」、「演說能力普及」、

「精緻企業訓練」、「閱讀風氣推廣」四大領域上。

使命是等比級數，無論分子、分母的大小，只要中括號內是比一大的正數，您的使命感與價值觀，將等比放大一切，超越所有極限，用我的話來說就是：「每個人都能在人生賽局裡，超越極限。」

最後提醒大家：「值得做的事，不一定值得認真做，要考慮機會成本」，而機會成本最大的敵人是「時間」，因為沒有人知道：「人生賽局的終點在哪裡？」

但人生活著的意義，不是要活得長，而是要活得精彩，其前提是：「生命告終那天，軀殼僅是形體，重點是告終後多久，還有多少人記得您的好？」這段時間愈長，人生賽局的成就，終能讓極限成為無限。

二〇二三年十一月二十三日

五十五歲生日前一個月，於中壢家中

Mindset 1

找到優勢

每個人都有自己的使用說明書

尋找天賦的過程，跟尋找另一半有著異曲同工之妙，都需要透過一些方法、原則與行動，進而發掘每個人專屬的「使用說明書」。

01／認識自己，找到你的使用說明書

我出生在一九六八年十二月二十三號，就在我出生的隔天，阿波羅八號也順利執行月球任務，這是人類第一次跨出地球軌道，繞行了月球十圈。雖然直到隔年人類才真正成功登月，但你可以知道，雖然已是五十多年前，但人類始終在用盡方法，找到突破極限的可能。

我想我的人生也是一樣，我一直認為，在人出生的那一刻開始，我們就像是加入了一場長達數十年的賽局，或者更像是一場漫長的賽季，比賽有輸有贏，但輸贏不是最重要的事，重要的是我們是否有所成長，是否努力尋找突破極限的方法，讓明天的自己不感到後悔。

而我認為要突破極限，最重要的第一件事就是找到自己的優勢，或者說，找到自己的使用方法。雖然這聽上去像是老生常談，但在人生這場賽局中，如果你搞不清楚自己的手上的籌碼為何，又要如何創造價值？

回頭來說我的故事吧。我們家是中壢的客家人，祖厝就在中壢車站附近，是一棟三層樓的透天厝，住著我阿公、阿嬤、我爸媽、跟我們家三兄妹，是個傳統的大家庭。因為我是家族長孫的緣故，從小到大父母都特別關注我，即使家境普通，也堅持把我送去學才藝、各種課程與補習班，樣樣不少。

家中資源的貫注加上我的資質還算可以，讓我在國中小時期一直過得很順利，老師緣也很好，如果把相片翻出來看，會發現我從國小一年級就開始當班長，那時我念的是中壢的新街國小，一共當了六年班長，中間還拿過四次模範生。我在那個年紀就嚐到被肯定的甜美，以及一個單純的信念：只要我願意，就可以擁有自己的舞台。

十八般武藝樣樣不通，怎麼辦？

好笑的是，雖然從小就學了許多才藝，從風琴、笛子、口琴、鐵琴等樂器，再到作文、書法跟繪畫的學藝，這些培養卻完全沒有讓我成為一個「才子」。我知道父母有意栽培我，但我大概是朽木不可雕也，即使對音樂很有興趣，卻天生沒有這方面的才華，只能眼巴巴羨慕那些手指一動就能演奏出美妙歌曲的人。

更慘的是，我不僅藝文方面不行，就連體育我也沒有天賦，跑得不快，打球也普普通通。如果用現代話來說，我的小時候，就是個普到不行的「普男」。女生們要嘛喜歡有才華的男生，要嘛喜歡會運動的男生，但我除了當班長，好像沒有其他更突出的地方。

唯一的好消息是，我放棄得很快。每一次學才藝，大概都是幾堂課後就發現自己沒天賦，我會直接跟我媽說：「不學了。」感覺像是白忙一場，但事後我認為這些「不學了」非常有價值。也許正是因為我把這麼多選項都嘗試了一遍，藉由排除法，讓我幸運的在很早期就發現自己的天賦。

現在回頭看，我認為要能儘早開發自己的天賦，最重要的第一步，一定要先認識自己。很多人以為天賦是與生俱來，但我不完全認同，我相信有些天賦並不是一出生時它就一〇〇%完美，不可能都像神童莫札特一樣，六歲就能寫出複雜的《F大調小步舞曲》，那些人，也許更該稱作「天才」；但對大部分的普通人如你我，則可以透過一些方法、原則與行動來養成天賦，進而成為專業，也就是我認為的——屬於每個人的「使用說明書」。

接下來這一整章要講的故事，就是我怎麼偶然間發現自己的天賦，從一個當了六年小學班長、卻還是平凡無奇的小男生，突然像開了開關一樣，從今以後成為那個「只站在C位的人」。

原來出一張嘴，這麼有料！

剛才有說到，我國小六年都是當班長，還拿了四次模範生，看起來很威風對吧？但這份優越感，很快就在上了國三後慢慢幻滅。國中時我讀的是中壢國中，國三那一年因為成績還不錯，被學校編入數理實驗班，聚集了各班的菁英學生。

雖然我的數學成績一直都很好，但其他科目就勉勉強強，開始需要用力去強逼，才有機會逼出好成績。到了要考高中的時候，我跟父母都很糾結，到底要去考北聯，試試看台北的學校，還是要留在中壢考桃聯？後來，我們決定放棄北聯，也讓我在當年以桃聯第三十八名的好成績考入桃園第一志願武陵高中，甚至還獲得高一學雜費全免的優惠。

上了高中之後，我延續了國三那時候的感覺，覺得念書有點辛苦，尤其是在一群都很聰明的人之中，更容易發現自己沒那麼好。於是我開始把大部分時間花在玩社團、交朋友，幾乎沒有認真準備考大學。

在高二的運動會發生之前，我都是一個存在感不高的人，雖然也是有朋友、有社團等活動，但走在走廊上，我知道自己就跟大部分學生沒什麼兩樣，就算遇到喜歡的隔壁班女生，也是會緊張的不敢主動跟她說話。

直到運動會跟畢業旅行這兩個事件接連發生後，我才發現：「我是會說話的人！而且大家愛聽我說話！」理解這點之後，我的人生就像翻天覆地一樣，完全不同了。

高二時，不知道為什麼，我們班的向心力特別差，做什麼事都不團結。平常專注在念書時還好，成績並不輸給其他班，但這種一盤散沙的模樣，到了運動會時就一覽無遺。

某次導師課，明明是一群正值青春期的大男生（當時武陵高中是男女分班），但每個人好像心都不在運動，各項運動項目都乏人問津，根本不當一回事。我也不知道自己哪根筋不對，突然就衝到台上，用了我當時最宏亮、最憤怒的聲音開始臭罵全班同學：「告訴你們啦，我們這一班沒有救了！拔河沒有人，籃球也沒有人，田徑也沒有人，大隊接力全部都沒有人，你們要這樣度過高中生涯，隨便你們，但我可不想！能不能好歹我們拿一片獎牌回來？至少不要輸給××班！」講完之後，我原本還對自己發飆有點不好意思，沒想到之後同學私底下都跑來問我：「大隊接力還有缺人嗎？」「籃球還有缺嗎？」

雖然最後運動會的成績還是不好，但那一次事件對我的影響很大。明明就是爆發負面情緒，是在罵人，但我知道在那個當下，我的聲音跟話語確實把全班原本散落的、冷漠的心，重新凝聚在一起。

但後來很不幸的，到了升高三的畢業旅行，又舊事重演，我們班那群人還是對團體事務很冷淡。當時，學校要求每班都要提供一個十分鐘的表演，在畢業旅行晚會上演出，無論是要唱歌、跳舞、演戲都可以。我記得自己眼睜睜看著其他班同學都在積極排練，每一天的旅遊行程結束後，他們就利用晚上練吉他、練團體舞、排演話劇……唯獨我們班沒有，三天兩夜眼看就要結束，最後一天的活動還是沒有著落。

也許是哀莫大於心死，我心想，如果沒有人願意上台，那就我自己一個人扛吧！於是在一票團體表演中，我單槍匹馬就上台，足足講了十分鐘的相聲。還好我從小就聽廣播長大，對模仿聲音很敏銳，我從當年的行政院長俞國華開始，模仿他一口浙江腔，接著再把校長、教官全部模仿一遍；再來又模仿一段棒球比賽的實況轉播；最後用劉文正的一首〈遲到〉作為結尾。

十分鐘過去，我一個人把台下高三生逗得笑成一片，我知道，我又一次成功了。

我在學校一直是個默默無聞的人，學業沒有特別好，運動神經也不好，在女生眼裡大概就跟空氣差不多。但那一次晚會回來之後，我走在走廊上開始會有人跟我搭話：「你是那個說相聲的對不對！」，甚至連我當時暗戀的女生都來跟我要簽名。大概是從那時候開始，我覺得自己真的找到天賦了，對於那種成為風雲人物的滋味也有點欲罷不能。

這個故事讓我明白，只要找到你的天賦，再把天賦放大一千倍，你就能把其他不會的都藏起來，也就是所謂的「藏拙」。在別人眼裡，現在的我很能講、很會講、站在台上就是大家眼中的「千萬講師」——但你不知道的是，我擁有的天賦可能就只有這個，我跟當年那個沒有人認識的謝文憲一樣，樂器彈不好、運動也不強、功課也不是最好，但那又怎樣呢？只要有一個天賦能閃閃發亮，我就能成為照亮別人的人。

「家」給你的教育，是另一種天賦

除了前面提到的天賦，我認為還有一種天賦也影響一個人甚深，那就是家庭教育，或者說，家族中代代相傳的某種個性與特質、價值觀，足以影響你往後人生所做的每一個決定、每一個判斷。這種天賦有時候是好的，有時候是壞的，好的家庭教育能帶來力量，指引正確的方向，就像我的家庭，是賦予我使命與價值觀的源頭；有些人也許原生家庭不盡理想，但若能從中提煉出智慧，那也可以是另一種「天將降大任於斯人也」的天賦特質。

若拿我們家來說，我認為我家帶給我三個重要的影響，一是做人要誠信、二是愛上棒球、三是世事無常，有想做的事，不要等。

國小五年級時，我家隔壁開了一間電玩店，某個週末下午，我順手拿走我媽放在桌上的零錢偷跑去打電動。我媽媽早年幫我叔叔一起做裁縫，小時候我對她的印象，都是在夜晚昏暗的燈光下，坐在裁縫機前車布邊、改褲子的身影。她低著頭看著針線一針一針打進布料上，眼睛花了，也要多賺那幾十塊幾百塊的零用錢。但我當時年紀小，根本不知道賺錢多辛苦，隨手一拿，可能就把她昨晚車一件衣服的錢花掉了。

我媽發現了之後，衝到電玩店裡把我拖回家裡，她一向對我和顏悅色，但那天她難得的大聲斥責我，指著我、要我跪下。那一幕我印象很深刻，她張著失望的眼神，對我說：「你要成為有用的人，偷錢是不對的，知不知道！」

還有一次，我也讓我媽媽失望了。

高二那年，我不喜歡唸書、每天只知道玩，某天我翹掉體育課，跟四、五個同學躲在體育館的夾層裡打橋牌，我記得我剛好背對著門坐著，大家打得正開心，嘻嘻哈哈笑著，突然後面有個人拍了我的腦袋，「碰！」一下很大聲，我回頭大罵：「幹什麼東西！」結果一看，是體育老師。

我當場被記了一個小過，但好在那個年代對於記過的描述都很隱晦，單子寄到家裡時只寫「違反上課秩序」。我媽看到單子，問我怎麼回事？我靈機一動就撒謊說：「我上課到一半突然肚子好餓，忍不住在課堂上吃便當，被教官發現了。」

從那一天之後，我的早餐跟便當都變得更多了，我媽媽是真的相信我肚子餓，這個祕密一直到她過世，她都不知道真相，這也成為我心中一個很大很大的遺憾，只是一個因為害怕被罵而編出來的謊言，反而讓她自責沒餵飽我。這兩件事都跟我母親有關，她教會我做人一定要守「誠信」。

至於棒球，則跟我阿公有關。我喜歡棒球是眾所皆知的事，而且幾乎到了痴迷的地步，我後來做廣播做了十二年，也是因為受我阿公影響。

大概從小學四年級開始，暑假時我都會陪他一起「聽」棒球。當時台灣的三級棒球在國際賽事上可以說是叱吒風雲，當他們代表台灣出國比賽時，哪怕因為時差，球賽都在三更半夜進行，家家戶戶都還是會熬夜守在廣播機前聽棒球轉播。我爺爺拉著我一起聽棒球，怕我聽到餓了，還不忘準備營養口糧給我當零嘴。

因為從小聽棒球的緣故，我唸書時一直立志要當上棒球主播，讓我的聲音可以從廣播機傳出來，讓大家都聽到，同時也對棒球運動、為國爭光、團隊勵志的這種故事產生極高的興趣。

最後一個影響，也是我人生中最大的影響。一九九一年八月十七日，是我永遠不會忘記的一天，我母親在那晚突然中風，而那年她才四十五歲。

我那時才剛從學校畢業，在台達電子上班三個月。我記得那天晚上十一點多，我在房間裡抽菸，我聽到爸爸大叫：「你快來！」我把菸熄了，衝進他們的房間一看，我媽已經躺在地上一動也不動，地上都是她的排泄物，那一幕我至今仍無法忘懷。

幾分鐘後救護車開到我家，醫護人員扛著擔架把媽媽送醫急救，檢查後發現，她的蜘蛛膜下腔出血造成急性中風。家人們一度對開刀拿不定主意，隔了幾天才終於推進手術房。出院後，她人是救回來了，但這一生都離不開輪椅，直到五十九歲過世，整整十四年都在不自由中度過。

母親從壯年中風到離世，對我而言是生命中最大的震撼。她早年老是在昏暗燈光中做裁縫，後來二度就業到國泰人壽擔任業務員，我知道她為了家中生計，把自己的健康逼到極點。在我大學時，我家開始負擔得起個人電腦、風琴等高價品，我當時還沒有意識到這些是用什麼換得的。直到媽媽倒下，我才知道她為了這個家付出了多少。

這個震撼無疑是悲傷的，是負面的，但從中我得到了比任何事都要珍貴的體悟。世事無常，有想做的事，不要等，把人生的每一天當成最後一天來度過。也許，這也是為什麼我的第一本書會取作《行動的力量》，母親的遭遇讓我比任何人都更加深刻的體會到，不能自由行動是多麼痛苦的事，而作為健康的、有能力的、可以做出行動的人，若自願選擇什麼也不做，我想，這才是浪費生而為人最大的天賦吧！

02／尋找天賦的起點，順著心流開始

尋找天賦的過程，大概就跟尋找另一半有著異曲同工之妙。就像多數人沒辦法一下就找到自己的靈魂伴侶，尋找天賦也需要透過一些方法、原則與行動來達成，進而發掘屬於每個人的「使用說明書」。

第一步，一定是盡可能的去嘗試。愈是一張白紙，愈有空間可以嘗試不同的事物。在我做講師工作的生涯中，很多人會問我：「二十二歲剛從學校畢業，應該找什麼工作？」我每次都很直接回答：「我哪知道你要找什麼工作？你就去試，試了就知道。」

相比三十年前我自己找工作的時代，現在的工作形態可以說是五花八門、無奇不有。在這麼多的選擇中，你一定不可能像AI分析一樣，可以得出一個最理性的解答，唯一的方法就是去試，試久了，你會冥冥之中感應到：這扇門打不開，就不要強求。

因為「放棄」也是一種哲學，就像管理學中所說：「管理，就是決定不做什麼。」當你放棄某個選項後，就代表你可以向前看，並且更專注的嘗試其他選項。

雖然大部分的人認識我，都是認識我講師或教練的角色，但事實上，我的第一份工作是台達電人力資源部門的人資專員。我剛入職沒多久就意識到自己對這份工作沒有太多熱情，但從小爸爸的家訓就是講求敬業精神，就算是一份薪水兩萬塊、沒有熱忱的工作，每天還是要全力以赴。

於是我上班時都是用跑的，台達電的廠區很大，我為了要傳送公文，從A棟跑到B棟，從樓下跑到樓上，就連廠長都知道人力資源部來了一個二十三歲的年輕人，天天都用跑的在上班。

過了一陣子之後，我自知人資不適合我，於是請調去採購部門。才做了不久，當時台達電子中壢廠的人資部主管很欣賞我工作的幹勁，於是把我推薦給中強電子，去做人資部門的小主管。

對當時的我來說，這是一個很好的工作機會，我原本的月薪是兩萬六千八百元，中強直接給我月薪三萬五千元。那時是一九九三年，對一個二十五歲的年輕人來說已經相當不錯，更別說還加碼配了車位跟股票給我。看到這樣的薪水與福利，我心中雖然不喜歡人資，但還是接下了這份工作。後來事實也證明，走回頭路是錯誤的選擇，人資這條路已經試過了、不是我要的，就算硬著頭皮走，也走不了多遠。

中強電子我待了一年多就離開，偶然看見信義房屋的徵人廣告很顯眼，他們要一張白紙、還保障六個月的底薪三萬五千元，我一面試就上了。在那之前，我並不知道自己可以做業務，僅僅是抱著「試試看」的念頭，沒想到去信義房屋剛上工沒多久，我又再次感覺到何謂風生水起、得心應手，就像高中畢業旅行上台講相聲一樣，我知道我找到自己擅長的舞台了。

進入你的天賦心流

找到天賦的那一瞬間，再拿戀愛來比喻的話，就像一見鍾情，你會瞬間掉入與對方的相處之中，跟他在一起時，時間就像被小偷偷走一樣，一下就消失無蹤。若用專業一點的術語來解釋，這就是所謂的「心流」，是一種能讓人忘記時間的存在，投入忘我的境界。你可以問問自己，你做哪一件事時可以很容易地進入「心流」狀態？這就是一個很重要的徵兆。

以我為例，當我站在講台上講課時，我感覺整個空間都像是為我而設，我可以輕易的掌握舞台節奏、掌握聽眾對我的話的反應；相反的，當我做著自己不擅長的事、或不喜歡的事時，就會忍不住一直看手錶，並且急著趕快結束。

心流也很常出現在運動領域，就像一個棒球選手站在打擊區，哪怕現場有三萬人在場邊吶喊，他都可以做到充耳不聞，因為當他專注在那一顆球上時，就進入了被運動員稱為「the zone」的領域，他會感覺到世界慢了下來，整個球場的噪音化作一片嗡嗡的背景，球也像慢動作一樣緩緩飛來，他可以看得比任何一個人都還要清楚。這就是心流的威力，也是讓許多人享受不已的特殊時刻。

但我想說一個打破框架的概念——天賦與心流狀態，背後一樣是需要努力，絕對不是只靠天賦異稟。

我曾經做過一次實驗，在「說出影響力」的課程中，故意安排四個人練習演講，並讓他們進到另一個小房間裡準備題目。同時間我安排四個暗樁，跟他們說：「等一下他們開始演講後，你負責滑手機、你趴下去睡覺、你假裝接一通電話、你持續喝水。」對於準備演講的那四個人，我則在上台時跟他們說：「待會你只要講完九十秒，就算是過關。但是有一件事情我想要你特別注意，就是眼睛要看著觀眾。」

結果你猜如何？當這四個人都講完九十秒後，我問他們：「剛剛有人玩手機，你有看到嗎？」他們說：「沒有。」「有人講電話你知道嗎？」「沒有。」「還有人趴下去睡覺！」「真的嗎!?」

他們以為自己有在看著聽眾，實際上腦子只專注在演講內容，眼睛功能更是直接關機。這樣的演講雖然專注，卻不能算是進入心流狀態，因為真正的心流應是你全然享受當下，你會看著每一個觀眾、與他們共享這段時間，並用心感受他們有沒有看著你、有沒有跟你一起進入這迷人的心流時刻。

說到底，這些心流時刻都是經過刻意練習而來。我從二〇〇六年開始講課，至今已經十七年個年頭，藉由不斷訓練才能創造出心流時刻，這也是我講課魅力的精髓所在。很多初學者上台時往往兩眼發散，講課的同時眼裡卻看不到學生，因為他還沒辦法進到心流，他的心思都集中在應付緊張的情緒、集中在投影片的字句，甚至集中在時間到底過了多久上，這樣的他，是沒有辦法「看到」當下的。

心流的起點可以是興趣，例如有些人很喜歡數學，像我兒子就是數學狂熱者，他可以埋頭解題到三更半夜，連天快亮了都不知道。但前提是，你要先認識自己，找到自己的使用說明書，然後藉由重複練習，你就能慢慢掌握心流的節奏，甚至很快速的進入心流。

但心流的起點也可以不是興趣，而是你的決心。如果某件事情你一開始不擅長，但它是你真心想要追求的價值，並且意義重大，透過刻意練習，也有機會進入心流。

這種現象可以用「學習曲線效應（Learning curve effects）」（見下頁圖）來說明。當你剛開始投入某個活動或技能時，一開始要有好表現的成本是很高的，尤其在中間更會遇到被稱為「高原期」的瓶頸，需要更多的毅力、經驗與時間的投入，才有辦法突破瓶頸，來到真正的專家與大師階段，這時候你的成果大幅提升、成本卻是愈來愈低，到了一個臨界點，甚至可以趨近於零，就像閉著眼睛你都可以做到高水準的成果。

在這個過程中，有多少人在半途就放棄，或是覺得自己已經「夠厲害了」就不再精進的人？無論是學游泳、學英文、學跳舞，身懷一技之長的人大有人在，但誰能夠撐到最後、變成真正的專家？到了這個階段，就算不是與生俱來的天賦，刻意練習也會讓這項技能變成你使用說明書中的

當你反覆投入學習一項事物時，隨著經驗的增加，投入的成本將逐漸遞減。

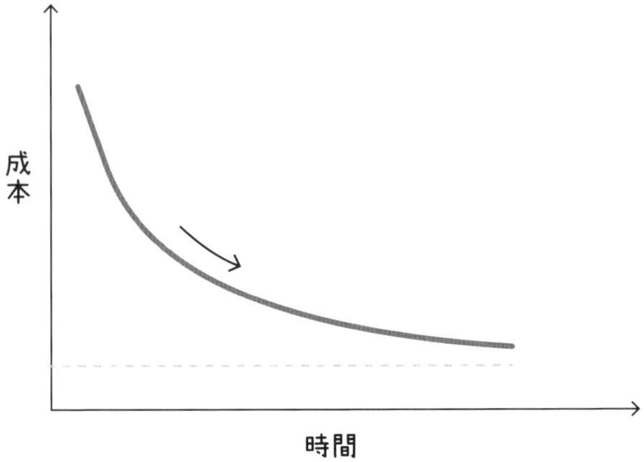

學習事物時，初期的表現成長緩慢，並將經歷瓶頸期，如果持續投入學習，就能突破關卡，擁有大幅度的成長與提升。

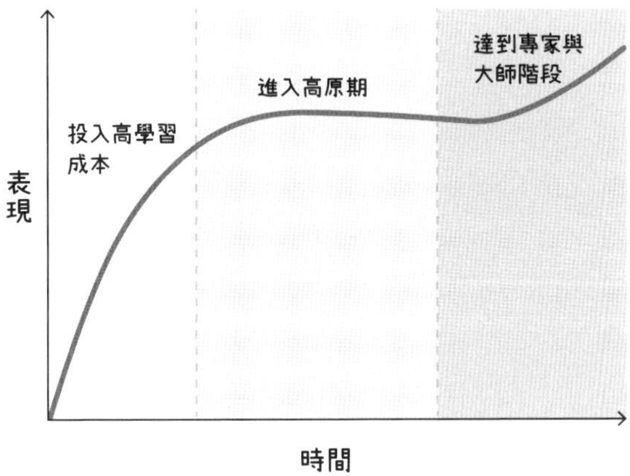

學習曲線效應

「關鍵功能」，不費吹灰之力就可以超越眾人的成績。

你的「沒什麼」在哪裡？

在尋找天賦跟使用說明書的過程中（註1），其實隱藏著一個很大的誤區，那就是：「值得做的事，不一定值得非常認真做。」意思是，如果出現一件你覺得很值得做的事，你要先問問自己：「做這件事的機會成本

註1　現在也有很多科學化的工具，如蓋洛普三十四項優勢測評，可以幫助你清晰了解自己的天賦和優勢。我的天賦教練Sara Tsai（蔡佩靜）幫我做的「優勢測評」前五大天賦分別是：公平（平等、一致性）、行動（劍及履及）、溝通（表達、公眾）、取悅（人際、人群）、完美（極大化，from A to A+），並且以影響力優勢領域最為突出。這種測評有助了解自己全方位的人格特質和優勢，而不僅僅是特定技能，有助於快速認識自己的優勢、非優勢和盲點，為個人和職業發展提供有價值的指引。有興趣的人可以自行參考 https://saratsai.com/。

是什麼？」尤其一些在趨勢上的事情，更需要認真考量自己該投入多少心力。這句話出自我的研究所老師，十幾年來，我始終堅信這個道理。

近幾年短影音當紅、Podcast 盛行，有些人看上這些趨勢背後的商機，就急著想在浪頭上衝浪，當然，我一直鼓勵大家要有行動的勇氣，但就跟我「準備四〇%就先衝」的理論一樣，你可以衝，但你至少要有四〇%的底氣。你要去思考，這些趨勢跟你自身技能的關聯大嗎？天賦符合嗎？你有四〇%的準備了嗎？

我有一個學生是中小企業主，本身個性並不適合面對鏡頭，但他還是很希望可以投入短影片市場，讓影音的社群紅利為生意帶來業績。但當他給我看作品、希望我給意見時，我很快就發現他的反應太生硬、不夠自然，我的直覺告訴我，他的使用說明書裡，很可能沒有「上鏡頭」這一項。

即使是在趨勢上的題目，如果這件事與你的天賦不合，你還是很快就會被其他有天賦的人取代。試想，如果讓一個天生的表演者來做 Podcast，他可能只需要花費二十分之一的時間跟心力就可以完成同樣份量的工作。而我的學生卻是浪費了大把時間投入不合適的領域，這些時間如果用在符合天賦的事情上，將會更有價值。

例如，當我站在台上講話時，我完全不會緊張，就好像「緊張」從來不在我字典裡，上台對我來說，根本「沒什麼」；但你若要我畫一隻貓，一個插畫師閉著眼睛都可以畫得比我好，畫畫對他來說，根本「沒什麼」。我相信每一個人都有自己的「沒什麼」，如果你有一件事，是別人勞心勞力只能做到三十分，但你輕而易舉就能做到八十分的，那才是你真正的天賦、你的舞台，千萬不要去別的舞台跟人競爭。

因此，確認天賦跟熱情最好的方式，就是去觀察有哪些事情別人要做很久、但你輕輕鬆鬆就完成；或是別人認為是苦差事，但你偏偏引以為樂，這些就是你可以繼續挖掘的藏寶處。

也許有人會說這樣很武斷，會剝奪一個人學習的機會，但回到核心概念：「值得做的事情，不一定值得非常認真做，要考慮機會成本。」在天賦的選擇上，這是一個很重要的關鍵，如果你把自己的努力用錯地方，那麼即使再努力，它能產生的效果都是有限的。

問問自己，做這件事你快樂嗎？

每一次新的趨勢出現，都會看到一樣的劇情在上演，人們一窩蜂前進，最後還是只有適者能生存下來。這也是為什麼我認為「人多的地方不要去」，或者說，「人多不多」不應該是你考慮的優先項目，而是這件事「適不適合你」。再回到上面提到，當年輕人問我他該找什麼工作時，我也會告訴他：「沒有興趣的，不要勉強；就像你不愛的女生，就不要跟她結婚。最後兩方都不會快樂。」

人生想要擁有熱情、想要感到幸福快樂，核心往往是單純的，只要問問自己內心的聲音：「你真的愛這份工作嗎？」如果只是短期內為了生存、賺錢，或是為了當跳板，當你心中知道自己所作為何，那沒有問題；但是當你長年做著沒有興趣的工作時，真的該問自己：「還要撐嗎？能撐多久呢？」

我們可以將人生中發生的各種事情、嘗試過的各種工作、挑戰過的各種任務，都當作是試錯的過程，這個過程看似既漫長又痛苦，但卻是唯一讓我們得以接近自己內在天賦的方式，也是尋找能讓我們快樂的事物的必要過程。

但當我碰到「不太對」的事物時，我會很快的放棄。這些「不太對」可以有很多表徵，例如前面提到過的，容易累、容易焦慮、覺得無聊等等，但最重要的一點，我認為是「價值觀」。例如我的價值觀是正義感，那就不要去做壞事；如果我的價值觀是人際連結，那我就不要去做一個封閉的工作環境。

如果你不清楚自己的價值觀，可以簡單從人生五大目標來思考：

- **健康：做這件事會耗損健康，或是工作本身很危險。**
- **財富：做這件事可以帶來的財富很少。**

- **知識：做這件事完全學不到東西。**
- **情感：做這件事，與家人或親近人士的關係會變差。**
- **社會：做這件事會讓社會觀感不佳，或是他人對自己的評價變低。**

這五項中，只要單一項目不為0的話，都是及格的，但你可以去思考，這五項哪一項對你來說更為重要，可以把它的比重拉得更高，但很少有人可以做一件事情，五項分數都很高的。以我來說，我除了健康之外，財富、知識、情感跟社會這四項的分數都不錯，但過程中就是犧牲了一些健康。

老實說，沒有人可以做到五項都是一百分，就算真的可以，我也覺得這樣的人生不值得追求。你想，如果什麼都滿分，不就太完美了嗎？人生就是要有點冒險才好玩，有失敗的風險、才有成功時的快樂。每天喝下午茶多無聊，不是嗎？

相信自己，看到自己「已經是的」

二〇二三年七月，我去馬來西亞出差講課，接待我們的工作人員非常友善，在工作結束、用完晚餐後，親切的邀請我跟他們一起去逛當地的百貨公司，我欣然同意。一起去逛的還有她的女兒，她說想去一間公仔店玩盲抽的遊戲，我也一起去見識見識。

她想抽的盲盒，一共有十二種公仔，她很執著於其中一個。她幾乎把每一個盲盒都拿起來摸一摸、搖一搖、秤一秤，最後好不容易挑到一個去結帳，結果一打開、不是她想要的，當場就在櫃台前哭了出來。一問之下才知道，她上一次來抽盲盒時，就是抽到同一隻公仔。

這個故事讓我開始思考，人生與天賦的選擇也有異曲同工之妙。如果我們換個角度想，這十二隻公仔裡面每個都長得不一樣，也許有些特別熱門，但不代表冷門的就是不好，我相信每一個公仔都有它的歸宿。也許這個公仔就是你的命中注定，老天爺安排好，讓你買兩次都買到它，說不定你會愈看愈順眼，愈來愈相信這才是你要的。

而人不也一樣嗎？我們常常都只看到那些外表亮麗的、前程似錦的選項，但你卻沒看到你自己「已經是的」、已經擁有的長處，總覺得大家都要的才是好的，卻忽略這些選項很可能並不適合你啊！特別在大環境的改變下，某些技能或某些職業可能特別吃香，但當你是為了利益或是某種好處，而強迫自己去做不擅長的事，通常不會有好的結果。

人多的地方不要去，因為你在一片紅海之中，如果不是真的天賦異稟，只是事倍功半；但相反的你也要問自己，如果你的天賦與興趣在一個相對冷門的領域，人少的地方你敢去嗎？當你選了人少的路，這裡面的風險，或者這裡面的孤寂感會比一般人更高，你是否敢於承擔？

總結尋找天賦的方式，我認為還是要先去嘗試、去感應你的「心流」可能出現在哪個領域，排除掉那些「不太對」，接著便開始刻意練習、直到它成為專業。其實，我不認為冷門的領域就不值得投入，只要你認清自己的使用說明書，在這個多元化的社會裡，三百六十行很可能已經翻倍成三千六百行，你只要在一個冷門的領域做到眾所皆知，在小池塘裡當大魚也是一種思路。

最重要的是，相信自己，看見自己「已經是的」，你會在其中找到更多的樂趣。

03 刻意練習你的天賦，把它變成專業

雖然我在高中時代就發現了自己的天賦，但不代表當時的我就擁有了演說的專業。從天賦到專業、再到產生價值，中間還需要大量的刻意練習。經過這個步驟，你的天賦才能成為人生旅途上最重要的工具與武器，幫助你開拓機會。

在我讀大學時，台灣迎來一個重要的轉捩點——解嚴，當時校園內的言論自由、選舉自由都被解放。一九八七年，恰好是我升大三時，我決定參選逢甲大學企管系學會的會長，跟另一位參選學生競爭。

這次選舉對我來說意義重大，也很大程度的鍛鍊了我的天賦。說老實話，當年選舉風氣才剛剛起步，要怎麼選？要提出什麼政見？怎樣才能說

服眾人？我全然沒有經驗。當時我代表甲班競選，而對手來自丙班，我們的「選民」就是逢甲大學企管系全系學生，從日夜間到夜間部共二十二個班級、一千四百多張選票。最終，我在這場激烈的選情中勝出，以五百八十五票對五百三十五票的些微差距拿下系學會會長的位子。面對如此的競爭，我是如何突圍的？

當時我只提出了一個很簡單的政見：「如果我當選會長，我每個月都會來向各班匯報學會的最新動態與成果。」我不知道大家是真的買單這個政見，還是單純佩服我的傻勁，總之，在大三一整年的時間裡，我每個月都到各班去報告。如果扣除寒暑假，大約要進行九次、二十二個班級的巡迴，九個月下來，我一共報告了一百九十八次。

在這一百九十八次的報告中，我發現自己對公眾說話的能力又更上一層樓了。以前，我上台時幾乎都能得到正面的回應，無論我是模仿、唱歌還是對同學講話，至少大家都有所反應。但系學會的報告不一樣，有時候我得去競爭者的丙班報告，或是我要對夜間部報告，甚至要到學長姐的大四班級去報告。很多時候我面對的是無視我的人，我站在台上講話，底下聊天的聊天、吃東西的吃東西，但我無所謂，無論對方想不想聽、有沒有興趣，我都會完整說完我準備的內容，然後離開。

這段經歷不僅訓練我演講的天賦，也讓我更加確信自己的能力和勇氣——我什麼都不怕，也從不緊張，我證明我的天賦不只可以面對順境，也可以面對逆境。

千萬講師的內在動力

很多學生喜歡問我：「要怎麼成為一個年薪千萬的講師？」我的回答是：「從時薪一千塊的講師起步。」

一九九九年，我曾在華信銀行（現在的永豐銀行）擔任MMA投資管理帳戶專案小組的主管，其中最重要的任務之一就是獲客。

銀行在推廣新業務時，很習慣帶著禮物四處陌生拜訪，但這種方式成本高、得到的回報也不如預期。於是我就思考，有什麼方式可以讓我運用天賦，用事半功倍的方式達到一樣的目標？我想出了一個辦法：利用午休時間去企業辦免費報稅講座，不帶禮物，反而是送給每個參與者一份便當。禮物可能不實用，但中午大家總要吃便當吧？果然，我的方法吸引了許多企業參與，幾乎每天都安排一場講座。

那是我講課生涯的初體驗，雖然是在公司體制內擔任講師，並沒有額外的收入，但在過程中我卻累積了珍貴的講課經驗。當時的網路並不發達，很多人對繳稅知識一知半解，於是我就針對這個主題設計內容，從報稅的具體方法到如何減稅，提供台下聽眾需要的知識。講解完後，再利用三十分鐘介紹自家產品，並且回收講座問卷。這些問卷成為公司含金量最高的一批名單，因為這些人都有報稅跟資金管理的需求，比起過往陌生開發，我們不僅省下送禮物的成本，還大大提升了開發效益。

這是一個多贏的嘗試，公司獲得了他想要的名單、客戶獲得了他想要的報稅知識（跟便當）、而我則在短短六個月裡面迅速累積一百四十七場講課經驗。你說，人生中有什麼機會可以去各個公司裡面講課、讓你免費練功？

而且，我從來沒有因為講課沒有錢而感到不公平或厭倦過，反而在與不同人士上課的過程中，我不斷重複感受到自己對於說話的熱情，以及當我能用有趣的演講風格逗笑大家時，那種快樂與成就感是金錢報酬無法取代的。我的內在動力來自於這份熱愛，而不是金錢，只要讓我拿著麥克風站在台上，無論何時何地我都會全心全意投入，因為這不僅是我的工作，更是我的熱情所在。

經過了這一百四十七場練兵式的講課後，雖然我並沒有立刻辭職轉行當講師，但這個「公眾講課」的專業卻已在我身上生根，也成為我日後轉職的一大關鍵養分。

刻意練習，終能點燃熱情

去書店上翻書，多得是教你如何點燃熱情的心靈雞湯；在網路上滑社群文章，也有一堆KOL教你怎麼尋找人生中的熱情，追求你心中的火花。在人生中尋找熱情當然不是壞事，但我對尋找熱情的定義跟一般人不太一樣，我認為，哪怕是先從追求生計、生存開始，熱情也有機會應運而生。

熱情是不用刻意尋找的，甚至我認為，沒有哪個工作本身就能夠帶來熱情，熱情根本找不到，因為它是在你反覆做一件事情並取得成果後，自然而然產生的副產品。

例如，一個廚師一開始只是為了存錢而開始到餐廳上班，並不知道自己在烹飪方面有天賦，只是當作工作、天天做菜。但他漸漸發現，從他開始上班之後，店裡的客人變多了、自己研發的菜大受好評、就連老闆都讚不絕口，在這些工作成果中，他感受到自我能力的肯定，就能培養出真正的熱愛。

「啊，我寫的爛文章竟然有人喜歡！」「我剪的影片竟然得獎了！」「很難的題目，被我一講大家都聽得懂了！」你本來以為只是打打工、賺錢，但只要這份工作與你的使用說明書切合，再透過每天不斷的練習與進步，它最終會為你帶來成果，像日久生情一樣，你有一天會真正愛上你的專業。

最怕的是什麼？最怕你不去認識自己，也不甘願從日常工作中刻意練習，自然而然不會得到正面回饋。這樣的人容易沈溺在無力感中，不知道自己有什麼價值，最後轉為只能羨慕別人：「為什麼別人的運氣比較好？」這種不去嘗試、不願付出的心態久了就會陷入惡性循環——找不到自己的天賦、嫉妒別人、變得自私，最後就更不可能接近自己想要的人生。

醞釀火侯，愈急愈拿不到

人生中很多事情是急不來的。就像你找到天賦，刻意練習，甚至變成專業，它都不見得會馬上給你你想要的結果。二〇〇八年，那年我四十歲，我一直很希望在這個年紀留下一個紀念品——出書，於是我請我在聯合報系工作的表姐協助，牽線寶瓶文化的總編輯朱亞君給我認識。

那天我們約在星巴克，聊過一輪後她對我說：「謝老師，你的背景很好，出書應該有機會，麻煩你再把相關資料寄給我們，我們內部評估一下後給你回覆。」三天之後，她回覆了我的 email，信上寫道：「謝老師，雖然你的資料真的很不錯，但是以出書而言還是略嫌單薄，希望未來還有機會合作。」這是我人生中第一次主動爭取出書的機會，好像只差一點就能達成，後來我又嘗試跟時報出版聯絡，也一樣被打槍。我心想大概時候未到，也就不再強求。

直到二〇一〇年的六月二日，我到痞客邦公司講課，當時我早就把出書的事拋在腦後，腦中只專注在講課內容與學生互動，更沒有發現當時城邦執行長何飛鵬也在場後聽講。活動結束後，我在收拾我的電腦與背包，眼角餘光看見他從後面向我走來。他拍了拍我的肩膀，說：「老弟啊，你課上得很好，你真的很會講，我來幫你出書好不好？」

我常說：「好好掌握每一次拿著麥克風的機會，因為你不知道台下坐了誰。」這其實是很簡單的道理，專注的做好工作、發揮天賦，很多你畢生汲汲營營、求之不得的機會，反而自己會找上門。

於是在二〇一一年三月四日，我的第一本書《行動的力量》正式發行，那一年我四十三歲。雖然晚了三年，但回過頭看，我其實不該執著四十歲這個數字，如果真的讓我在二〇〇八年就出書，也不見得比較好，因為當時的我才剛開始做全職講師兩年，既不會寫、知名度不夠、經歷也不夠成熟，這三年的醞釀，其實都是上天安排。

在這個時代，要爆紅很輕鬆，每個人都有十五分鐘成名的機會，這沒有什麼不好，但我仍相信醞釀火候是一件重要的事。在我小學三、四年級的時候，我們家的開水都是用瓦斯爐煮的，有一天我爸爸叫我去煮一壺開水泡茶。過程中我很沒耐性，總是時不時把水壺蓋子打開看，想知道水究竟開了沒。十分鐘後我爸爸從門外進來，問我水煮開了沒，我說還沒，他說怎麼可能？你怎麼煮的？我說我一直去開蓋子，看水煮開了沒。我爸這時候就跟我講了一句話：「你不要去動它，水自己會開。」

這個例子告訴我們，很多事情是需要時間的。或者我再舉一個例子，我十多年前很常去大陸出差講課，晚上就住在當地的飯店。不知道為什麼，那間飯店的水壓很大，睡前我要刷牙時，把杯子拿去水槽裝水，結果水龍頭一開，水整個噴濺出來，裝了半天，水杯其實還是只有一半的水。比較好的方法應該是把水開小一點，也許稍微慢一些，但慢慢等，水還是會有裝滿的時候。

無論是技能、天賦還是智慧，都需要時間去醞釀，用滴水穿石的毅力讓它累積起來，養成肌肉記憶，不要急、不要害怕一開始的失敗，把每一次都當作砥礪，當你再回頭看時，你已經成為你想成為的人了。

04 槓桿專業，創造人生的餘裕

天賦，是讓人生得到餘裕的一種方法。當你手上握有這張王牌時，就可以盡情嘗試各種新事物，因為你知道，無論自己在這些事情上失敗幾次，最後的最後，都還有無可取代的一條繩子在路的盡頭，只要你想，隨時都可以緊抓住這條繩子，回到安全的地方，這就是人生的餘裕。

對我來說，我的王牌、我的那條繩子，就是講課的能力，這個能力給了我空間，讓我可以去嘗試做廣播、寫專欄、做社群、拍電影、做電視節目……，我可以沒有後顧之憂的去挑戰，甚至，當我不把這些事情當成主要收入來源的時候，反而更能聽從內心真實的想法，用我自己的方式去達成目標。

天賦與專業是獲得餘裕的關鍵

二〇一一年六月二十一日，我正式開始經營「謝文憲的極憲人生」臉書粉絲專頁，到現在已經十二年了。剛開始經營的時候，粉絲的成長速度非常緩慢，即使如此，我還是很用心在經營，從來沒有因為很少人看就放棄更新。我自認自己算是很能撐的，因為跟我同期設立的粉絲專頁，現在大多已經荒蕪長草，但我始終撐著。到了這兩年粉絲突然飛速增加，大概有近三成的粉絲都是在近兩年才追蹤我的。同時間，我還做IG、YouTube 跟 TikTok 頻道，我沒有放棄，因為我真心希望透過這些免費的平台，讓我平時收費很高的課程內容，也有機會被更多人看見。

有人問我，為什麼我可以持續十二年不放棄？甚至做廣播也是一樣，從還沒有自己的節目開始，到第一個節目「憲上充電站」、「大師談職場」到最近入圍廣播金鐘獎的「極憲彤鄉會」，一路走來也有十二年，做這些事都是沒有收入的。漫漫長路上，很多人走到半途就放棄，但我不想要放棄，因為我對這些事情懷抱熱情。

回到核心，正是因為我有天賦帶來的餘裕，因此我可以不靠這些周邊的事物維生，如果我一心想靠社群廣告賺錢、想要靠錄 Podcast 賺錢，勢必會給自己帶來壓力，每天光是經營這些頻道就可能占據我大部分的心力，最後品質沒了、我的熱情也消磨掉了，得不償失。

因此我都告訴自己，如果我的嘗試有一些進展，那是我幸運；如果這些嘗試全部輸掉，雖然心裡會難受，但下一秒我收拾心情、背起背包還是可以去講課。我很早就意識到，天賦跟專業就是讓人生獲得餘裕的關鍵，當我有了餘裕，就能帶來更多機會去爭取更多的餘裕。

三個核心圈，找到人生槓桿點

發現槓桿原理的數學家阿基米德曾說：「給我一個支點，我就能舉起地球。」這句話背後反映了一個道理：只要找到關鍵槓桿點，在人生中我

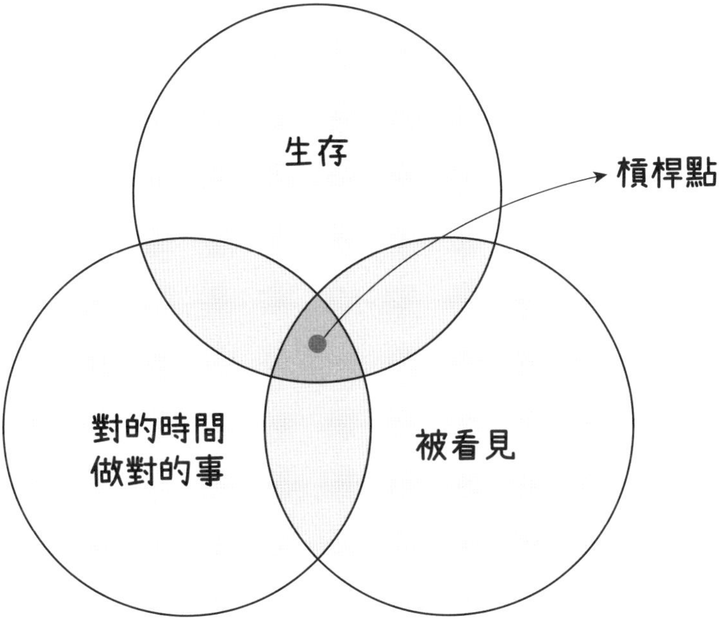

從三個核心圈找到人生槓桿點

們也能將自己的核心能力最大化，創造出意想不到的價值。

那麼問題來了，我們要怎麼找到這個人生槓桿點？以下我用三個核心圈來作為原則，將盡可能的縮小試錯範圍，用最有效益的方式來槓桿天賦帶來的影響力。

第一個圈，是做能生存下來的事，也就是能賺錢的事。

第二個圈，是做能被看見的事，有曝光機會的事。

第三個圈，是對的時間點、做對的事。

這三個核心的交集點，就是人生的槓桿點，它可以讓你的天賦與專業被放大，槓桿出最大的效益。

首先，我們需要維持生計，也就是做一份能賺錢的工作。這一點相對容易理解，因為在現實生活中，我們不可能忽略生計問題，只做無償之事。同時，這件事情的賺錢能力，也反映出它是否有市場需求，如果做這件事無法賺錢，就需要反思這些付出是否真的對他人有所價值。

其次，我們需要做能被廣泛看見的事情，讓自己有機會在公眾面前展示自己。這關乎舞台的大小，無論是在電視上、網路上，還是參加各種比賽，這些機會讓我們的天賦與成果能受到關注，也才有機會被擴散。如果只是在家中自娛自樂，那麼影響力就備受限制。

最後一點，就是在正確的時間點上做正確的事。我認為，一個人在二十幾歲、三十幾歲、四十幾歲等不同階段，做的事情一定要有所不同。就拿我兒子為例，他還在念大學，因為數理非常強，同時在一間補習班擔任兼差老師，收入並不輸給一般正職員工。但我還是提醒他：「你現在二十幾歲，當補習班老師可以，但到了三十幾歲就不妥了，除非你要開補習班。」

這三個核心圈的交集點，就是人生的槓桿點，可以讓天賦和專業發揮到極致，獲得最大的效益。然而，尋找這個支點並不容易，有時候你以為這件事情可以賺到財富，結果發現市場趨勢只是曇花一現；有時候你以為自己有被看見，但其實舞台太小，看見你的人太少；又或者，你以為現在就是對的時間、做了對的事，但其實全部都不對。

嘗試久了，人會慢慢摸出方向跟標準，但其中我認為最難的就是「在對的時間做對的事」。所謂對的事情，不能跟你的專業差異太大，不能違背你的價值觀，也不能是你做起來很痛苦、很排斥的事。或者，還有一個檢查點，你可以學巴菲特老先生的智慧：「試想你現在做的這個決定，明天早上會登在報紙頭條，你覺得你的家人朋友們看見，會不會感到丟臉？」

而所謂「對的時間」，很常跟年齡與資歷有關，像我就不太鼓勵剛出社會的二、三十歲年輕人做講師，當你的人生歷練太少、還沒有累積足夠多的案例或經驗，講課內容很快就會枯竭。我更相信酒愈陳愈香的道理，就像電影《阿甘正傳》開頭及結尾飄在空中的羽毛一樣，有時人生就像隨風飄曳的羽毛一樣無法伸手掌握，只能等待塵埃落定。給生命一點時間，給自己一點時間，時間的醞釀會讓事情愈陳愈香，而我們只要專注於做自己，一切的安排都會是命運最好的安排。

創造多贏，一定要回到專業

如果要比喻的話，尋找自己的使用說明書、確認並培養出自己的天賦、刻意練習讓它變成專業，這些事情就像人生的第一桶金。第一桶金的意涵，就是讓你有足夠的本錢讓錢滾錢，讓複利可以在時間的催化下創造價值。天賦跟專業也是一樣，盡快找到、努力培養，最後它將能為你的人生帶來巨大影響。

這也是為什麼，我把「天賦」放在第一順位。因為天賦可以變成專業，專業可以帶來三贏綜效。當我演講、講課的能力具有影響力時，我就有機會把這個影響力擴散。只有單純的善心或信念是不夠的，唯有當你建立專業，當別人對你趨之若鶩，你才有本錢去談三贏綜效，否則達到的效果都很有限。

二〇一五年，可以說是我講課生涯一個重要的轉變。在那之前，我主要以實體課程為主業，鮮少於鏡頭前露面。直到那年七月，我與合作夥伴許景泰、王翊軒、鄭均祥等人合夥開了一家餐廳，取名為「Dreamer 38」。這間餐廳的一樓是普通的咖啡店和餐廳，而地下室則是一個商用活動場地。我們打算利用地下室賺取一些額外收入，當我們站在那裡看著場地時，許景泰問我：「憲哥，你看看這個地方可以怎麼利用？」

當時，一個想法突然浮現在我的腦海中。我心想，我經常在課堂上教學，為什麼不把這件事打造成多種產品呢？我說：「我們來開一個影音節目，在這邊錄影，並且販售門票，一張只收三百元左右就好，讓一樓的咖啡店提供簡單的茶點，這樣我們就能一邊做線下活動，一邊錄製三至五集的線上影片，不僅利用了閒置空間拍攝影片，還可以收幾千元不等的門票費。」

於是，第一個版本的「憲場觀點」就誕生了。每當我走上舞台，我都會以一句口號開場：「有現場、有觀點，謝文憲的職場觀點。歡迎來到憲場觀點！」這句話成為了我在台上的開關，它像一種儀式一樣，只要一講完這句話，我就可以立刻切換成台上的憲哥。

從二〇一五年八月開始，每週我都會上傳一集新節目，慢慢的，我也開始收到一些正面的回饋，我第一次意識到自己除了實體活動，也可以在線上影音大放異彩。於是，在二〇一五年到二〇一六年的一年間，我不斷調整節目內容，不斷優化。最終在二〇一七年，我跟許景泰合夥推出了線上影音學習平台「商戰讀書會」，後來更名為「大大讀書」，開啟了我線上教育事業的新篇章。

我並非刻意為之，而是透過一個核心的專業，把影響力複製到不同的通路，讓我可以只做一件事，卻達到多層次的成果，這就是專業帶來的複合紅利。你可以說我這是無心插柳柳成枝，但你要確定你插下去的「柳」，一定要是你的天賦，不然是長不出枝葉的。

當然，專業產生的綜效還有很多形式。上述的多贏綜效呈現在商業效益方面，增加同一件事的多重效果；而另一種多贏綜效則可能呈現在利他，讓一個專業影響另一個專業，像漣漪一樣將影響傳遞下去，進而讓整體社會都變得更好。

從二〇一九年開始，我主動將運動演講的一〇%收入捐給運動單位，二〇二二年起更提高到二〇%，未來如果可行，我甚至希望可以達到四〇%至五〇%。因此，每當我接到一個企業演講的邀約，我就可以為三方創造價值：首先，企業得到了他們想要的激勵效果或知識傳遞；第二，我贊助的運動單位收到了二〇%演講費的贊助，可以補強運動員的環境；第三，我自己還是有拿到八〇%收入，可以衣食無虞。

這是我經年累月的專業帶來的三贏綜效，讓我不必多花時間去募款、去宣傳，而是透過我的專業一次到位；反之，如果我今天專業不夠，沒辦法提高我自己的收入，當我連維生都有困難的時候，自然很難做到價值的擴散。因此我深信，人一定要先讓自己變強，才有餘裕為別人創造價值。

極憲心法

- 想開發自己的天賦，一定要先認識自己。
- 有些天賦並不是一出生就百分百完美，可以透過一些方法、原則與行動來養成，進而成為專業。
- 值得做的事，不一定值得非常認真做。不妨先問問自己：做這件事的機會成本是什麼？
- 找到你的「沒什麼」，用力的刻意練習它，把它變成專業。
- 世事無常，有想做的事，不要等，把人生的每一天當成最後一天。
- 人多的地方不去，穩扎穩打累積火侯，把優勢用在最有效益的地方。
- 有時人生就像隨風飄曳的羽毛一樣無法伸手掌握，只能等待塵埃落定。

Mindset 2

賦予動力

不斷揮棒才能打出全壘打

如果你追求每一次打擊都是全壘打，不只身體會累，實際上也得不了分，久了自然失去動力；但如果你追求的是一個一個小的進步，先求上壘，最終一定能創造機會、收獲成果。

05／車不要停在車庫裡，開出去！

我的現職是企業講師、顧問，也是教練，不僅常四處到企業內部大聲上課、激勵員工，也會在私塾班裡為學生們做客製化的職涯建議與表達力的培養，雖然做的事情略有不同，但幾乎所有學生對我的印象都是：「憲哥，你真的很有能量，上完你的課就像充完電一樣！」

能量是一件很重要的事，就算不說話，你的氣場會為你做無聲的開場白。好的能量可以幫助你把話語、把知識包裹成一種可以說服人的影響力，這種看不清、說不明的能量，我認為源自於你怎麼為自己「賦予動力」。

我爸平時話不多，他少數會提醒我的話之一就是：「文憲啊，你要很努力，一定要有敬業精神。」這句話就像寫進了我的基因，每次當我覺得累到快要不行時，它就會浮現在我腦中為我充電，要我全力以赴，堅持到底。這種個性很累人，但我也慶幸它讓我的天賦與優勢有機會好好施展。

來者不拒，讓自己電力充飽

前面提到，我剛出社會時的第一份工作，是在台達電子做人資，我對這份工作並不熱衷，也施展不出手腳。但爸爸告誡的敬業精神，讓我依舊神采奕奕的在廠區裡跑來跑去送文件，不知道的人，大概都以為我愛死這份工作了。一直要到一九九四年，我離開中強電子加入信義房屋當房仲業務，才真正體會到什麼叫做「如魚得水」，也才知道什麼叫「人外有人、天外有天」。

接下來要說的幾個故事，都與我的職涯相關。我從大學畢業後，在職場上待了十五年，歷經台達電子、中強電子、信義房屋、華信銀行跟安捷倫科技（Agilent Technologies），其中十二年都是業務相關工作，我藉由自己敢於表達、能言善道的優勢，以及不服輸的拚勁，在職場上有過不少高光時刻。

直到三十八歲那一年我決定離開職場，從事自食其力的講師工作。我不但沒有因為自僱者的身分而失去動力，反而更大膽去嘗試各種可能，賺錢的做、不賺錢的也做，只要是在我的使用說明書範圍內的事情，幾乎來者不拒。也正是因為這種什麼都「YES！」的積極態度，讓我不知不覺成為了一顆電力飽滿的電池，充飽自己有餘，還能把動力分享給身邊的人。

下樓即上班的極「憲」生活

加入信義房屋那一年我二十六歲，沒有太多社會歷練，但我接觸到的客群都是五十五歲上下的有產階級，加上當時我所服務的信義房屋新生店就位在台北市大安區蛋黃地帶，負責包括連雲街、臨沂街等數一數二地價昂貴的地區，那些路上貌似不起眼的人，都可能是幾千萬甚至上億的身價，在他們身上我賺到的不只是業績獎金，更多的是打開自己的視野。

還記得第一次有客戶請我去吃飯，我才知道這世界上有人點餐是不看價錢的。我當時心想，我不過就是個幫他賣房子的小毛頭房仲，他有需要請我吃這麼貴的餐廳嗎？我一直向對方表示不好意思、讓他破費，但這位客戶笑說，「不會、不會，只是想謝謝你。」我自覺自己是幸運的，能在二十六歲就接觸到這些在金字塔上層的人們，讓我有機會了解他們的做事方式、處事思維。

還記得加入的第一年，因為上班地點在台北，天天中壢、台北通車成為了我最大的挑戰，當時我才剛訂婚，沒有餘力去租一個月一萬多元的套房。於是我就跟店長商量：「店長，我想要住在儲藏室，可以嗎？」店長以為自己聽錯：「你再講一遍。」我說：「我想要住在儲藏室。」確認了大概三次，店長才終於答應。

那天中午，他請全店同事幫我打掃儲藏室，把傳單、看板等雜物都收拾乾淨，原本像鬼屋一樣的木板隔間，忽然變成一個小巧溫馨的小臥室。

我轉頭又問店長：「店長，你知道哪裡有賣彈簧床嗎？」沒想到，店長不僅自掏腰包幫我買了彈簧床，甚至連水電費都不跟我收，只說：「沒關係，以後公司的遙控器就交給你保管，你負責設定店內保全就好了。」

於是，從一九九四年九月底開始，我開始了「下樓即上班，上樓即下班」的生活，雖然一開始是為了節省交通時間，但為了實踐敬業精神，除了公休日我會開車回中壢，陪伴家人以及當時已經中風的媽媽，其餘六天我幾乎天天工作十二小時以上，開始了我的極「憲」生活。

不過，公司儲藏室雖然便捷，但壞處也不少，影響我最大的就是每天早晨新生南路的車水馬龍，幾乎天天將我吵醒。吵醒後也乾脆早起上班，七點半就下樓把鐵門拉開、把報紙收進來，開始為店裡做簡單的打掃。

一兩個禮拜之後，一個阿伯走進來問我說：「少年仔，你這邊有沒有報紙可以看？」我說：「有，阿伯來前面坐。」我把我夾好的報紙拿給阿伯看，同時斜眼打量了一下阿伯──汗衫、短褲外加一雙夾腳拖鞋。這時我腦中浮現店長跟我講過的話：「新生南路周邊，只要穿西裝打領帶的人都沒有錢，穿短褲穿拖鞋的才是有錢人。」後來的一個月，阿伯天天七點半準時來店裡看報紙，我就泡茶給他喝，跟他寒暄聊天。

就這樣，有一天他突然問我：「少年仔，你為什麼每天這麼早就開門？」我說：「我每天一起床就來上班，七點半就開門。」他聽完後跟我說，他有一棟房子在後面的臨沂街，「你很認真，我給你賣好不好？」於是，我就這樣接到了一個一千五百八十萬的委託案，並在兩週內以一千四百二十萬元賣掉了，比預估的市場行情還高了一兩百萬。

仔細想想，這個好案子怎麼會落到我身上？我真的很厲害嗎？我房地產知識很豐富嗎？我學歷有特別好嗎？這些都沒有，我之所以成功，就只因為我比別人早起，而且早起一天不夠，天天比人家早起，機會總有一天會降臨。

還記得那陣子，大安區全部的房仲業者彼此流傳：「信義房屋有一個年輕人住在店樓上，你們要小心，這個人很可怕！」其實我哪裡可怕？不就是多一點全力以赴的精神，把簡單的事情重複一直做而已嗎？

下雨天是勇者的天下

一九九六年的七月，是我加入信義房屋的第二年，當時距離選店長還有兩個月時間，我正好需要一點成績來為選拔衝刺。

某天午休時間輪到我值班，同事都趴在桌上睡午覺，下午一點時我接到一通電話，電話那頭的客戶說他想看師大附中後面的一間房子，於是我就跟他約了一點四十五分見。正當我準備騎摩托車出門時，門外突然下起傾盆暴雨。我原本還在猶豫要不要跟客戶改時間，但轉頭一看，隔壁其他同業的摩托車都還停在店門口、沒有出門，當下我就決定套上雨衣，騎著我的老車風速125衝過去。一面騎，大雨灌進我的安全帽、雨衣跟褲子，果不其然，一到目的地，我已經全身裡裡外外都濕透了。

我趕緊簡單整理一下儀容，招呼客戶夫婦進到這間樓中樓，為了不弄髒地板，我還把我的鞋子跟襪子都脫了，把我的褲子捲到膝蓋位置，像農夫一樣走進房內，而當我在脫鞋、脫襪、整理褲子的時候，我都感覺到客戶一直在旁邊觀察我。一個多月之後，這個案子終於成交，成交的金額是二千一百六十萬元，客戶後來跟我說，他會願意買這間房子，就是被我的誠心跟仔細所感動。

能在七月份成交這個案子，無疑為我們店的業績注入了一股強心針。開早會時，店長在白板寫下了幾個字：「下雨天是勇者的天下。」他說，下大雨還願意出來看房子的客戶，一定是有誠意要買屋；而願意下大雨還出門的業務，才有緣碰上這樣的客戶。

其實，所謂的「下雨天」不一定真的下雨，也可以是各種讓你不想出門奮鬥的日子：颱風天、大太陽、超強寒流、跟老婆吵架，或是大家都在放鬆的假期。試想，如果這種天氣你都能成功，那麼好天氣就更不會是問題。

後來我就養成一個做事的習慣：大家不做的事我來做。當別人把車停在車庫裡，就更要把車子開出去。因為下雨天是勇者的天下，別人不出門時，機會就在那裡等著我。

動力來自於對目標的掌握

其實上面兩個故事的背後，都可以用「期望值理論」來說明。所謂的「期望值理論」就是——

M（動力）＝E（努力）×I（機率）×V（獎勵）

簡單說，你的動力多大，取決於你有多想要這個獎勵？獲得它的機率有多大？可以透過努力來獲得嗎？例如彩券的中獎機率（I）很低，但還是很多人樂此不疲，為什麼？因為獎勵很誘人，而且買彩券這個行為（E）是有用的，只要買愈多、一直買，理論上就有機會可以中獎。

放到職場上，假設你想爭取晉升的機會，且公司明定：只要連續三季業績達標，就可以升遷。如此一來，要往哪個方向努力、要在哪個時間點努力都有了明確的指標，那麼多數人都會有動力達到業績；相反的，如果有一個職位，你已經知道它被內定，無論怎麼努力達標都不會有所改變，那麼自然而然，就不會有人想要為此努力。

放到人生各個層面，不受限於職場規定，你可為自己添加無盡的動力。獎勵（V）可以有很多類型，有些是物質的，有些則是精神層面的。賺錢、買房、買車，這些都是物質類，常常有賴於市場機制；但贏得他人的信任與尊敬，生日時會收到多少人的祝福，或是多少人給予我肯定，這些則是精神層面，也是人生中的永恆目標。

但也不必把設定目標看得太過嚴肅，覺得人生沒有偉大的目標是嚴重的事。事實上，我們可以把目標分階層，有大目標、中目標、小目標，小目標可能是今天我要寫完兩千字的書稿，中目標可能是我要出版這本書，大目標是我想藉由實際行動、達成利他的人生目標，書只是其中一個環節。

有時候，我們不一定能馬上看到大目標，因為目標就像一條被迷霧擋住的長路，無論你視力再好，也看不到路的盡頭在哪、又有什麼等著我們。人生有時候跟小時候玩的爬格子一樣，選了一條路、前面又是無數岔路，你不知道走哪一條會達到最後的目標，拿到什麼寶藏。但我認為，正因為前方有霧，正因為你期待那最後的寶藏，人生才迷人、才值得努力。如果人一生下來就知道會當總統，或是會窮一輩子，那人還需要努力嗎？

為生活安插小目標、設立中目標，一步步探尋大目標，這個天天實踐的過程，就等於整段人生。你不用急著擁有具體的大目標，但可以為自己設立一個方向，例如，我希望自己能鼓勵更多人勇敢說出想法、我想從接收者（Taker）變成給予者（Giver），或是我希望幫助台灣體育更上一層樓等等。方向可以很籠統，但只要走在路上，就不會走偏。

甚至，有很多人生中的大目標，都是在我來到五十歲後才慢慢領悟，我不會騙人說我從小就立志要改變社會、變成演講大師，我也跟大多數人一樣，從剛出社會想要賺錢、想要功成名就起步，一邊走一邊摸索，在人生各種際遇後領悟到自己可以在哪些領域發揮影響力，並且在他人的回饋中感受到比錢、比職位、比物質享受更令人幸福的事。

06 持續累積小成就，賭一把大收穫

二〇二一年，「躺平」一詞大量出現在社群媒體中，很多人開始認為，與其跟隨社會期望堅持奮鬥，不如選擇躺平，用無欲無求來面對生活；另一方面，二〇二二年牛津字典年度代表字也由代表發懶、擺爛的「哥布林模式（Goblin Mode）」當選，反映出類似的無力感。我不禁思考，這種文化產生的原因是什麼？人往高處爬、水往低處流，不是一直是從小學習的道理嗎？為什麼「努力」變成很多人想逃避的事情？

有人說，房價漲得比薪水快，買房遙遙無期。也有人說，不要結婚不生小孩，先求自己過得好就了不起了。當這種「再努力也沒有用」的感覺逐漸擴大，就會像前面所說的「期望值理論」，當獎勵、機率、與努力都縮小時，當然容易失去為生活奮鬥的動力。

要對抗這種無力感，我想分享一個我從棒球場上學到的決策模式，叫做「先上壘再說」。

連貫才是得分的重點

大家都知道我喜歡棒球，我人生中很多重大決策都是從棒球中獲得領悟。在棒球場上，你如果想要得分，前提是壘上一定要有球員，這樣當打擊者打出安打時，壘上的人才能得分。如果壘上沒有球員，就算打出完美的全壘打，也只能獲得一分。因此在一場比賽中，並不是安打數最多的球隊獲勝，而是能夠持續上壘、再打出安打的球隊獲勝。

這背後教我們的道理是什麼？「連貫才是得分的重點」，在九局比賽中、就算連續八局都不得分，卻可能在一局之內連續得八分以上，只要你做到持續上壘，再接著一棒全壘打，再持續上壘、再打一記全壘打，分數就會一下子追上來了。

你可能好奇，這跟人生決策有什麼關係？試著思考一下，如果你追求的是每一次打擊都是全壘打，不只人的身體會累，實際上也得不了多少分，久了之後，人自然就失去動力；但如果你追求的是一個一個小的進步，先求上壘，累積實力，最後當你打出安打甚至全壘打時，就能收獲成果。

持續累積小成就，賭一把大收穫，這是我從棒球學到的道理。如果我沒辦法一出手就買大房子，那我先持續在工作上累積實力，培養理財習慣，慢慢致富；如果我沒辦法一下子就闖出名號，那我先認真經營粉絲專頁，產出對別人有用的內容。從不紅到紅要很久，但從紅到非常紅卻只要一下子，關鍵在於你要能忍受前面的平淡、前面的船過水無痕，你要相信當你持續努力做一件事之後，屬於你的機會終有一天會來臨。

失敗的經驗全都有其意義

我學生時期就知道自己有上台的天分，也做了很多當時看起來很傻的、沒有成果的事，但現在回頭看，每一個經歷都是有意義的，也成就了今天的我。

例如，在我成功登上電視節目「小燕有約」的全國模仿大賽之前，我也是在各種小的比賽裡不斷練功，連地方KTV辦的小比賽我都去參加，全部都沒有得名。但我就在一次又一次的過程中隱約找到一種感覺，一種「好像有什麼」的直覺，只要一聽到有人說哪裡有比賽，我就忍不住想參加。一再嘗試後，命中率就愈來愈高。

我大四的時候，學長張財星在夢公園校園巡迴演唱會的娛樂公司打工，當時他們要辦全國校園巡迴演唱會，要找主持人，他就推薦了我。當時我根本沒有主持經驗，連妝髮衣服都是請大學時的女朋友幫忙打理。那時我主持了逢甲大學、中原大學跟中央大學三場演唱會，歌手陣仗可大了，高明駿、黃舒駿、馬兆駿三個「駿」都到場，還有陳昇、張清芳、曾淑勤，每一個都是那年代最紅的歌手。而我也不知道哪來的膽，我甚至沒有準備或練習，但一站上台，我就覺得自己充滿能量，好像之前參加那些大大小小的比賽經驗都派上了用場一樣，我一點都不緊張，反而看著台下一千多個人在聽我說話，整個人都嗨了起來。

還有另一個例子，則是我出社會後，在信義房屋工作時的故事。

在信義房屋工作的期間，我一直很想入選「信義君子」的獎項，它是信義房屋年度最高榮譽，一年只會選出一至二位當選人。我在一九九四年第一次報名，失敗；一九九六年年初又再報名一次，還是落選。

我一直覺得自己服務客戶這麼好、內部關係這麼好，為什麼選不上？第一年沒選上，我陷入自怨自艾，店長只是繼續鼓勵我，叫我繼續加油。第二次又沒有選上，我直接自暴自棄，跟店長說：「我以後不要再選了，已經丟臉很多次了，今年我選店長就好。」結果同一年九月，又到了信義君子的報名時間，區主管聽到我不選，竟然直接打電話來分店給我，叫我一定要出來選。

結果呢？一九九六年九月，我不僅選上信義君子，還同時選上店長，那天我高興得快飛起來了。我有時會想，如果第一次就讓我選上，我還會選上店長嗎？有沒有可能，當時的我真的還德不配位，還需要更多火侯才足以取得渴望的成就。

了解了這層道理之後，我在工作上不再執著失敗的挫折，而是專注於失敗後的成長，升任店長後，我又在一九九七年當選第二屆台灣十大仲介經紀人「金仲獎」，獲副總統連戰頒獎。甚至，在兩岸交流剛開放時，我被任命為信義房屋的代表，跟其他房仲業者的總裁、總經理等高層一起參加台灣首次到中國大陸的房地產交流。跟我同行的是永慶房產集團創辦人孫慶餘，還有台灣房屋總裁彭培業。雖然我只是個小小的店長，那年才三十一歲，但我一點也不擔心自己出醜，我就是拿出我的一張張的印刷投影片，手握麥克風，就開始一股腦分享怎麼開發客戶、怎麼做交易。

我有時會開玩笑比喻，自己就像是剛學刺槍術的阿兵哥，每次上戰場都很幸運的沒有陣亡，被問是怎麼活下來的？我也不清楚，就是就是一直往前刺、不停往前刺，勝利最後就是我的。抱持著不斷嘗試，不斷累積經驗的精神，我的行動力已成為我的標配，變成了一種個人特質。有些人較為嚴謹，做事前三思而後行，但我習慣準備四〇%就先衝，憑著一股幹勁就在自己的領域裡不斷努力、做出名堂。這種個性並不是每個人都喜歡，但這種個性，一定會讓自己被看見。

抱持服務心態，回饋自然來

所謂的獎勵（V），大部分時候我們只看見物質層面的，或是自尊心層面的：我被加薪多少、我拿了多少獎金、我又得到什麼頭銜，的確，在二、三十歲的時候，這些都是最吸引人持續向前的動力，騙不了人。但若你仔細去看，你會發現無論是名還是利，它都仰賴外界的給予，如果別人不給，你就拿不到，拿不到，心中有怨，就容易失去動力。

所以我認為最好的 M=EIV，應該由你自己來創造。只需要稍微調整一下獎勵（V）背後的意義，把那些只能從外界給予的，轉換成來自於內心自然產生的滿足感即可。舉一個最明顯的例子——當你服務他人，解決了他人的煩惱，雖然是給出去，但你卻會得到更多。

一九九九年，我在得到金仲獎、參加完兩岸交流團之後，同年就去了華信銀行工作。我在華信銀行待的時間並不長，但卻在短短六個月之內完成了一百四十七場的投資理財講座。也就在這馬不停蹄的講座中，其中一場就是到復興北路上的HP公司，當時HP的人資主管看我很能講，就問我：「我們有一間剛分拆出來的公司叫安捷倫，你要不要去講？」沒想到這一講完，我就被邀請去面試，三個月後，我就到安捷倫報到了。

二〇〇一年，我在安捷倫工作沒多久，就碰上了一個大事件。當時，我負責的業務很簡單，就是處理維修業務，以及向客戶販售「保固與校正服務」，如果客戶購買設備後有任何問題，只要在保固期間內都可以獲得保障，若沒有購買，就需要支付維修費用。

我們有一個客戶叫華寶，華寶的母公司就是仁寶，華寶當時是摩托羅拉（Motorola）跟諾基亞（Nokia）手機的代工廠，而他們生產線上的測試設備都是跟安捷倫購買。二〇〇一年六月某日凌晨四點多，華寶工廠發生火災，設備並沒有直接被火燒毀，但設備內部卻吸入了大量濃煙、粉塵跟化學藥劑而導致損壞。在這種沒有直接燒壞的情況下，華寶企圖跟保險公司尋求理賠，只能請我們協助。

這是一筆超大金額的維修案，當時不僅要周旋在客戶與保險公司間，更有新加坡安捷倫公司的競爭，他們也想要這個案子。誰能拿下這個案子，一年的目標就能達標。

華寶的廠長姓黃，我都叫他黃廠長，他平時個性強硬，但那天看到我們整個人卑躬屈膝，這個案子如果沒有辦法盡快恢復，將會損失摩托羅拉和諾基亞的訂單，而這正是公司最重要的命脈。當時我和維修經理、硬體經理和協理四個人立刻組成專案小組，用最快的速度幫他們處理好新的設備，以及維修設備。速度與服務之好，讓華寶事後寫了一封信給安捷倫總公司，說要表揚服務同仁，而我們四個人都在那年拿到了亞洲服務品質獎。

如果以工作年資、專業技能來看，我根本不可能得到這個獎。第一個我英文不好，第二個我完全沒有專業知識，第三個我才剛入職，作業流程我完全不懂。但偏偏天外掉下一個大案子，而且我抓住這個案子沒有放掉，用我過去當房仲時的服務精神全力以赴，最後在那一年達成目標。

二〇〇三年，《數位時代》雜誌來採訪我們董事長，結果最後卻是把我當成封面，談「新學歷無用論」。在公司裡，我什麼都不懂，我就是個跟大家邏輯完全不同的人，我不是EE（即電子、電機）的背景。別說電路圖，我甚至連機器的開關在哪可能都不知道，我只知道務實的把客戶服務到好，就是工作的目的。我認為業務最重要的概念，就是「我陪你解決你的問題，我還可以賺到錢」，客戶要什麼？無非就是要快、要便宜，而最好的業務就是能幫他解決這兩個問題。

這就是工作思維的轉換，如果你今天想的是我要做多少業績、要怎麼達標，你心裡就沒有客戶，更沒辦法成為一個好的業務。甚至有時候你還要站在對方的立場去思考，把隱形的問題也找出來，一併幫他解決。例如，幫客戶想「他要怎麼跟他的老闆報告？」，於是我會教客戶話術，不僅提供他服務、還解決他職場上的問題，這才是我認為真正的「解決問題」。作為業務，你其他都可以不會，只要會這件事就夠了。

在這之中，我漸漸意識到，無論我去到什麼產業、什麼職位，哪怕我沒有經驗與專業技能，我的舞台天賦與超強的行動力最終一定會被伯樂看見，而我要做的就是當一匹稱職的千里馬，把我的天賦與動力好好的發揮，做出價值。

07 發展你的第二曲線

二〇〇六年六月，我離開做了五年九個月的安捷倫，放棄了年薪兩百四十萬的薪水，決定開始不上班的日子。

很多人都覺得我腦袋壞了，但只有我自己看得最清楚，我不是結束自己的職業生涯，反而是開啟另一條職業曲線，而且，這一條曲線的天花板甚至比第一條曲線高太多了。所謂的「第二曲線」（The Second Curve），是管理大師查爾斯．韓第（Charles Handy）提出的理論，他認為當一間公司的第一項優勢還在高峰時，就必須要開啟第二項優勢，讓組織在向下墜落之前得以找到第二個成長動能。

用在個人的職業生涯上，我認為「第二曲線」也一樣適用，當我已明確感受到職涯的瓶頸時，就是另闢蹊徑的時刻。因此，當身邊的人問我：「你不怕嗎？」老實說，我真的不怕。尤其才剛經歷二〇〇五到二〇〇六年，我的母親和祖母相繼過世，我當時獲得一個重要的體悟——除了死以外，人生沒什麼好怕的。我要放棄的只是一份年薪兩百四十萬的薪水，我就賭一個機會吧！

當然，我的決定也絕非無憑無據，在真正決定離職之前，我透過種種跡象判斷，自己想要的人生與我正在發展的職涯已經來到分岔點，如果不在此時做出改變，就無法有所突破。

二〇〇六年，我已在安捷倫服務了五年多的時間，從一開始的破英文、什麼都聽得很吃力，到後來我已經可以用英文與主管、同事進行基本溝通。合作的同事也知道我不是英語母語人士，不會在這方面刁難我，甚至因為我的業務能力很好，還在二〇〇四年選上安捷倫全球最高榮譽「總裁獎」，這些接踵而來的肯定與成就感，讓我覺得自己應該還能挑戰更高的職位。

在天花板下安逸度日，還是開啟第二曲線？

於是，二〇〇五年，我的澳洲直屬主管要退休，在他宣布退休的場合上，因為他平時管理有方、待人親切，同事們都不捨的哭成一片，他也抱著我跟我說：「Lewis，以後這個位置就交給你了。」於是他離開後，我真的去爭取我主管空出來的職位——亞洲區服務業務部副總裁，但我沒有成功，這次我失敗了。

講課的時候，我常常用一個公式來解釋所謂的「成功者現象」：

（A＋B＋C）×X＝S

A、B、C，指的是成功者的充要特質與條件，若以在安捷倫職場工作來舉例，可能是英文程度、學歷、專業能力等；而X，指的是成功者的關鍵特質與變數，以我當時而言，就是業務能力，我能夠為公司帶來業績與營業額。我知道我的優勢在業務經理的職位上，可以為公司帶來成長，但如果想要突破天花板，晉升到更高的管理職位，這個關鍵X可能就不會是業務能力；而原本在業務上可以被忽視的語言劣勢，在管理上就會變成很大的缺點。

因此這次的失敗其實不能算是意外，是理所當然，而這個理所當然，也徹底點醒了我天花板就在那裡了，我是要接受這個事實、待在天花板下繼續過日子，還是要開啟人生的第二曲線，自己為自己設沒有極限的天花板？我自知自己是一個敢創新、敢嚐鮮、敢於探索人生不同可能的人，我並不知道每個決定會帶來什麼後果，但也許冥冥之中命運將我帶往這條路。放棄二百四十萬年薪後，我並不知道薪水能夠有多少，但我只有一股相信自己的直覺，我知道自己可以做到。

回首當時的決定，我沒有任何一絲的後悔。唯一一個我印象非常深刻的是，在去台北辦離職手續的那一刻，人資回收了你的名牌、名片、門禁卡，我一個人開車從台北回到中壢，我才忽然有一種現實感，意識到：從明天開始我就沒有勞健保了，從今以後，我只能靠自己了。

雖然當時我身上同時有房貸、還有兩個小孩要養，但很奇怪的是，我完全沒有擔心的情緒，因為當我盤點手上的資源，我知道自己還有一張不動產經紀人執照，隨時可以重拾房地產業，絕對不會落街頭。我甚至也沒有刻意規劃自己的講師之路，相反的，我只知道人生很短，沒有人可以預測未來，我想要依照直覺探索符合天性與優勢的路。十七年過去了，我不僅沒有變得比當時更差，甚至過得比當時更好。離職，真的沒有那麼可怕，不要失去危機意識，就算工作很穩定，也要隨時培養第二專長，要有接受新挑戰的準備，或者也要有隨時把履歷表打開，測試市場接受度的能耐與打算。

不斷揮棒，隨時累積人脈和資源

我最欣賞的棒球球員——世界全壘打王貝比魯斯曾經說：「如果你想打中球，就必須不斷的揮動球棒。」這句話後來成為我在思考一件事「要不要做」時的準則，我知道，如果我想要做出改變、邁向第二曲線，我一定得要讓自己不斷揮棒，才能創造機會。

我喜歡拿麥克風上台，這是眾所皆知的事，如果有可以對大眾講話的機會，我一定不會放過。但我從未想過，這些順著天賦與熱情所揮出的棒，後來將在我決定開啟第二曲線時發揮了至關重要的效應，永遠影響了我之後的人生。

二〇〇四年三月，我還在安捷倫服務，有一個朋友在文化大學推廣中心教電話行銷，但因為懷孕身體不適，請我幫忙去代課。當時我一頭霧水，完全不知道要怎麼講課，只能說服自己：我待過信義房屋，也在華信銀行講過一百四十七場理財講座，應該沒問題吧？最後硬著頭皮答應了。當天就憑著累積在身上的肌肉記憶，講完了三個小時的課，人生中第一次拿到三千塊的講師費。

我原本以為這只是一次偶發的代班，但意外的是，文化大學覺得我講課很出色，就邀請我擔任長期講師。誤打誤撞，我開始了兼差講師之路。

到了二〇〇五年九月，也恰好是我在爭取晉升的期間，盟亞知識管理學苑的林湘儀在文化大學的課上發現我，於是邀請我加入他們的講師行列，也正式展開了從二〇〇五年一直到二〇一五年、為期十年的合作。

如果當時我因為害怕麻煩而不去代班，就不會有後續的發展。在人生轉折的過程中，只要踏出去行動，機會其實就在你的旁邊。

那麼，我們可以怎麼開啟自己的第二曲線？我認為最重要的第一點，就是有沒有找到自己的使用說明書、是否了解自己的優勢有哪些、以及認知自身專業對哪些人事物而言有價值。你可以重溫第一章「三個核心圈，找到人生槓桿點」的做法，再次檢視自己的三個核心圈為何？交集點又是什麼？

當你非常了解自己之後，第二步是要在平時就不斷揮棒，嘗試各種機會與可能，把你的專業成果雕琢到閃閃發光，身旁的人自然而然就想靠近你、跟你共事。如同前面提到過的，你要能耐得住失敗、花時間等待，當你的第一曲線還沒有真正邁向高峰、觸碰到天花板之前，不要急著開啟第二曲線，否則很可能因為過於急躁，反而一直卡在不上不下的窘境，也不是好的選擇。

在我人生中，還有一次很重要的揮棒時刻，就是做廣播。

二〇〇三年，我還在安捷倫擔任業務經理時，曾被《數位時代》雜誌以「新學歷無用論」採訪了一篇文章，出刊後，IC之音竹科廣播電台的主持人任樂倫也來約訪我。聊著聊著，我講到自己從小的夢想就是擔任廣播節目主持人，沒想到這一句話話，她竟然一直放在心上，五年過後，二〇〇八年全球金融風暴，IC之音裁掉很多正職主持人，任樂倫問我：「你說你想要當主持人，我們現在有個機會，你要不要試試看？」

於是從二〇〇九年開始，我每隔週的禮拜一都會推掉講師行程，開車到新竹錄音，跟任樂倫一起主持節目「生活 i touch」。後來在二〇一三年，我在新竹環宇廣播電台第一次有了自己的廣播節目「憲上充電站」、News 九八的「大師談職場」，後來又與劉宥彤一起主持「極憲彤鄉會」，前前後後總共累積十二年的廣播經歷。

期間我總計報名三次金鐘獎，三次都鎩羽而歸，但我一直說說服自己，做廣播的初衷本來就不是求一個獎項，而是我真心喜歡這件事，我常覺得，廣播是一種神祕的力量，它讓我有機會接觸到平常完全接觸不到的人，偶爾若能幫上他人的忙、是我的榮幸。但事實上，更多時候是我受來賓啟發，在一次次的暢談之中，無形中為未來鋪上我當時想都沒想到的第三條曲線——運動慈善與利他事業（後面我會再娓娓道來）。

至於金鐘獎呢？就在本書撰寫的期間我們第四次報名金鐘獎，並且終於在二〇二三年首次雙重入圍「教育文化節目主持人獎」「教育文化節目獎」兩個獎項，雖然最終獎落他人，但我仍會抱持著初衷繼續堅守價值。不斷揮棒，就會打出全壘打，這是我深信不疑的信念。

08 Be a Yes-man.

對於人生迎來的各種機會，我盡可能當個 Yes-Man。陳金鋒說過：「球來就打。」影響我非常深。人當然只想挑自己好打的球，但投手怎麼可能好心投給我一顆輕鬆得分的球？他肯定投一顆很難揮的球，要嘛很內角、要嘛很外角，這時候，我就要視目標行動。如果壘上沒有人，也許可以挑一個好打的球陪葬；如果壘上有人、又是緊張時刻，我就會把一般人認為的好球帶放得更寬，儘管不是最完美的情況，仍然盡可能去揮棒，創造機會。

舉我自己的人生為例，年輕時從台達電子的採購離職到中強電子人資部門，雖然我早就知道自己不想走人資這條路，但是這份職缺薪水高、又配股，於是我就去了，但最後還是發現行不通。雖然這記揮棒看似沒有得到好的效果，但我也學到一個教訓，從此我就不會輕易被薪水左右，而是認定自己的職涯領域。

用比較短的眼界來看，這個決定是失誤，但把眼界再拉長一點，我其實是得到一個認識自己的機會，更加清晰自己的使用說明書。

當然，要做 Yes-man，還是有一些判斷的準則。有些事物風險太大，一旦跌倒就很難再爬起來，尤其違法的事、違反道德倫理的事、會身敗名裂的事情絕對不能做。值得留意的還有健康，身體的折損往往緩慢且難以察覺，而且健康的代價也只有自己能夠承擔。

另一種則是跟錢相關的投資，基於維持財務健康的考量，我給自己設的上限就是一百萬，這是我認為不會影響到我正常生活的一個基準值，我做過很多投資都失敗，也虧過不少錢，相關故事可以參考我的另一本暢銷書：《人生準備四〇％就先衝》（時報出版）。開餐廳，虧了六十萬；做電影，個人虧了八十萬；最近還有一個大概率會失敗的創業投資，則是預估會虧一百萬。但這些我都可以不在意，因為我有演說跟講課的救命繩可以給我餘裕，讓我有容錯的空間，不必擔心一個投資失利就傾家蕩產。

既然有了救命繩，也為自己設好了風險控制的標準，那麼我還有什麼理由拒絕這些豐富人生的好機會呢？

不賺錢的苦勞事，你做不做？

請大家思考一個問題：如果要你做一件沒有酬勞，或是酬勞很少，但是卻花費你極大時間跟心力的事，你做還是不做？

二〇一三年，我除了在環宇廣播電台開節目之外，也第一次開始擔任《商業周刊》「職場憲上學」的專欄作家。一開始我不知道要怎麼寫，寫得並不好，要知道我大學聯考國文只考了四十四分，根本沒有文學造詣可言。但慢慢磨、慢慢寫，我最後寫了兩百零五篇專欄文章，也摸索出了一

套寫作方法。（註2）

我是怎麼做的？我當時發現，文章交出去之後，編輯都會編輯過才上線。於是我就一篇一篇把文章拿出來對照，檢查他改了哪些地方，一樣的地方就標藍色，被改過或增加的就標紅色，最後再特別紀錄編輯下了什麼樣的標題，再根據這些結果慢慢改進。

甚至每隔一兩個月，我還會自製表格統計每一篇的分享數和按讚數，再分析哪些議題更受歡迎。統計到最後我也體會到一個法則，那就是「量大就會有成效」，與其一直糾結哪些議題會有效、哪些沒效，不如就下筆寫、持續寫，因為演算法就是莫名其妙會中，也莫名其妙不會中，但只要你不斷的寫，一定會有爆紅的文章出現。

我固定在禮拜天早上寫專欄，我會把當周去各地講課發生的事件當作題材，有時候寫大學生做事的思維、有時候寫五月天、有時候寫租房子、有時候寫難搞的員工……我就改編這些情節變成故事，再加入我的觀點跟想法，一篇專欄文章就完成了。當時我的文章引來很多批評，但愈批評我就愈紅。這也要歸功於我當時的編輯，他實在很會下標。

作為一個專欄作家，我給自己一個原則，就是絕對不拖稿，甚至還會給編輯至少兩篇的存稿。我在商周總計寫了七年共兩百零五篇稿子，從來沒有缺過稿。

寫專欄的稿費並不高，花的時間卻不少。但我從中得到了什麼？首先，我收到五月天阿信寫給我的信，他寫：「親愛的謝記者你好，我是五月天的阿信，謝謝你的報導。」這應該是許多人夢寐以求的事情。

第二，我連上《二一〇〇全民開講》十一集，談職場、談媽寶、談二十二K、談兵役制度。我爸爸其實搞不太懂我平常當講師是在做什麼，他也不知道什麼千萬講師、商周專欄作家，但當他去跟隔壁麵店老闆介紹我

註2　我在《商業周刊》（2013-2019）寫了二百零五篇，《蘋果日報》專欄「職場蘋形憲」（2015-2016）三十四篇，遠見華人精英論壇專欄（2015-2022）六十三篇，合計專欄共寫了三百零二篇專欄文章。

的時候，都會說：「我兒子會上電視，TVBS五十六台，晚上八點你不要這麼早睡。」他會到處幫我宣傳。

這也是為什麼我常跟年輕人說，不用怕，先嘗試再說，去打開你的人生吧！有些事情乍看之下不符合理性選擇，但它卻能在你的人生中留下長遠的影響力。二〇一三年開始，我用寶貴的時間做廣播、寫專欄，如果從事業的規模來看，它一點都不符合成本效益。但我的想法是，這個社會上還有很多中小企業或不在企業裡的人，可能也需要這些激勵、也需要這些知識或提醒，但我分身乏術，不可能觸及每一個角落，若透過廣播跟專欄文章可以把我的想法跟信念傳遞給廣大不特定群眾，難道不是一件好事嗎？

回到一開始的問題：如果要你做一件沒有酬勞、或是酬勞很少，但是卻花費你極大時間跟心力的事，你做還是不做？我的答案是，如果這件事符合你的價值觀與天命，那就大方地去做吧！

天上掉下來的醜禮物，你要不要？

我常開玩笑，天上掉下來的禮物，太美好的通常都是詐騙，因為這麼好康的事，哪裡輪得到我？所以往往天上掉下來的，多半都是看起來有一點醜的禮物，雖然它並不完美，不代表它背後不是一種祝福。我反而將它看做一種機會的轉換，只要留意一個原則：三點不動、一點動。

「三點不動、一點動」是一種攀岩基礎，當你在攀岩前進時，雙手雙腳的四個點裡，一次最好只動一個，等到穩定之後再動下一個。如果用在人生上，可以把他想成四個變數，如果要更動，只能接受一個改變，當然，如果是變得更好，當然是多多益善。

例如，今天公司要把你調到一個海外的邊疆地區，你要不要接受？這四個變數如果是工作地點、產業、薪水跟未來發展，而其中有變化（變差）的只有地點，其他都一樣，或者微幅加薪，那麼這樣的變化就不算太大。但如果變得不只有地點，甚至連產業都變，就會有點危險。就跟攀岩一樣，一次換兩個點，除非是湯姆克魯斯（Thomas Cruise），否則不免要捏一把冷汗。如果一次要換三個，就得有救命繩索可以抓，而那條繩索就是我們之前提到過的天賦優勢創造出的餘裕，才有本錢去盡情嘗試。

嘗試最重要的邏輯就是，碰撞你自己的安全邊際，透過一次又一次的試錯，摸索出什麼是你可以大膽嘗試的範圍。碰撞的過程可能多半是不好的經驗，但就是因為不好，對你而言才深刻、才有意義，甚至要主動去找新事物來嘗試，失敗也好，因為失敗就是一種收穫。

例如外派後，發現自己牽絆著父母、女友跟社交圈，或者發現自己根本水土不服，這樣的嘗試看上去是失敗，但對整個人生體驗來說卻是好事一件，它讓你知道父母在你心中的重量、愛人朋友對你而言的意義，這些體悟，都比什麼都不做來得更好。

若拿經濟學的機會成本來思考，事情就更簡單了，也可以剪斷不必要的煩惱。今天當你遇到兩個選擇，只要思考：如果選擇A而沒有選擇B，我會犧牲掉什麼？這就是機會成本。同時，也可以把風險考慮進去：當我選了A而沒辦法全程而退時，我的最壞結果會是什麼？我可以承受嗎？如果不會，那我為什麼不這樣做呢？簡單而言，盡最大努力、做最好的準備、與最壞的打算，這樣的人生，怎麼可能不精彩？

「If not me, who? If not now, when?」是我一直以來視為座右銘的一句話，我很清楚的知道，我想要的人生絕對不是在同一個地方耗盡我八十多年的歲月，我想要看盡這個世界的各種面貌，就算不是親眼去看見，我的心靈也不能被枷鎖限制，我希望我的心靈能夠保持開放，容納實體肉眼看不見的東西。而要達成這樣的人生，我必須接住生命給我的所有禮物，好的、醜的、看起來有點破的，那都是豐富我心靈的重要祝福。

找到人生努力的意義

學生時代，我們想著的通常是考試排名要好，或者幼稚一點的會比身高，比家裡有沒有錢，長得帥不帥，會不會打籃球。但我相信，就算不會唸書，不會打籃球，長得又不帥，家裡也沒有錢的人，他一定也有值得被肯定的事情，只是他自己還沒有發現到，也沒有指標可以讓他參考，但是骨子裡，我相信沒有人願意自己放棄自己。

職場前期，大約在二十五到四十五歲，我認為最大的關鍵就是「期望值理論」：M（動力）＝E（努力）×I（機率）×V（獎勵）。首先，不能讓自己的職場進入一種怎麼努力都沒有用的狀況，例如人際關係就不好，不會溝通，不會表達，所以很容易得罪人。除非你是這樣的人，否則努力是有用的。

「期望值理論」不只用在職場，甚至可以說是人生萬靈丹。但重點在於你想要的V（獎勵）究竟是什麼？這個問題可大可小，但最終的核心只有一個——你想成為怎麼樣的人？或者，你想擁有一個怎麼樣的人生？

有些人想要富裕，有些人渴望他人的讚美，有些人迷戀舞台，有些人要面子，每一個人要的都不一樣。例如，一樣給我二十萬元，要我去中國某個企業工廠演講，我現在不會想去，因為我去過了，我知道那勞心勞力，對我而言成本太高；但你若邀請我去美國白宮演講，這種求之不得的人生體驗，就算沒有酬勞我都願意去。

當你真正理解自己想成為怎麼樣的人、想要擁有一個怎麼樣的人生時，其實很多問題都會迎刃而解。例如，文字雖然賺不了大錢，但寫作的過程給了我無以倫比的樂趣，而且別人看到我寫的文字都會說我寫得很好，那就代表在我人生的籃子裡，我肯定會放進「寫作」這個東西。這個人生的籃子，你可以放進很多不同的東西，甚至年齡不一樣，職業不一樣，性別不一樣，成長背景不一樣，這些東西都會有所更替。

很多人都會以為，大家的籃子裡肯定都會放錢，但不見得。有些人要正義感，有些人要勇敢，有些人要口才，有些人要行動力，有些人要謀略，有些人喜歡創建，有些人要洞見，有些人則有憐憫之心，他能從照顧別人中獲得滿足感。每一個人要的真的都不一樣，如果我們把成功的人生都定義成嚴長壽的成功、張忠謀或郭台銘的成功，那這個世界就不會這麼複雜了。世界的複雜就在於，有些東西你是用錢買不到的，家庭、健康、婚姻、友誼，有些事物你得用時間跟真心去換取，買得到的都是假的。

以前在職場上時，我追求加薪、升遷，我追求信義君子、金仲獎或是總裁獎，這些稱號讓我覺得自己有價值，還可以享受公司給我的巴厘島度假；當我生了小孩以後，我追求安定感，開始想要買房子，祈求小孩聽話、成績好、身體健康；等到我離開職場當講師，我開始希望課程又多又滿、渴望出暢銷書，更期待每個上過課的學生都能喜歡我；直到我年過五十，這些過往的追求也都雲淡風輕，現在追求的反而是利他的快樂，希望我的存在能幫助更多人找到他成長的動力，讓我的每一次揮棒都能產生綜效，如果做一件事能同時對三個人有利，這就是我最大的價值。

無論你的追求、目標或是慾望為何，找到它、盯緊它，把它放在正確的位子，成為引導我們不斷揮棒的獎勵（V），鼓舞我們在一次次揮棒落空、一次次被接殺觸殺的過程中，逐漸找到手感，也找到自己的使用說明書，我們終將打出屬於自己的第一次全壘打。

極憲心法

- 全力以赴，堅持到底，帶著敬業精神去做每一件事。
- 做別人不想做的事，為自己創造機會。
- 持續累積小成就，先求上壘，再賭一個全壘打，不要妄想一次到位。
- 從不紅到紅要很久，但從紅到非常紅卻只要一下子。
- 量大就會有成效。
- If not me, who? If not now, when?

Mindset 3

創造連結

活成一道閃閃發亮的光

人非孤島，如果成就無人分享、榮耀僅在自身，又有何意義？

讓自己在群體中發揮影響力，創造人與人之間的關係與連結，為人生製造閃閃發光的時刻。

09 成為貴人願意幫助的人

當你掌握了自己的優勢，也知道如何透過強大的動力驅動這份優勢後，你已經可以充分展現他人難以超越的專業。但是如果你想放大這股力量，你必須在人生中創造與他人的連結，才有可能把這份專業以乘數放大，在舞台上發揮真正的影響力。

人生中很需要夥伴，要怎麼找到夥伴，首先你要把自己當成一個Hub（集線器、樞紐），這個Hub不只是單純的人際接口，它同時也包含了價值觀跟思維在其中。我把Hub這個字分拆成三個概念，第一個是「H，Humanity」，展現自己的人性、理解他人，從而找到貴人，並成為他人的貴人；第二個是「U，Unique」，讓自己成為獨特且不可取代的角色，如此就不用擔心競爭，反而更能與他人合作、創造多贏；第三個則是「B，Bright」，把自己的人生活成一道光，在專業能力上出類拔萃，成為別人的楷模、為他人打開視野與天花板，就是我們每個人都可以做到的「共好」。

我們先來談 Humanity，以及貴人在生命中扮演的角色。

你也想要找到自己人生中的貴人嗎？你覺得自己這一輩子都還沒有碰上慧眼識英雄的貴人？雖然貴人的出現可遇不可求，但如果我相信每個人一定都有機會遇上貴人，只是錯過了卻不自知。那麼，我們究竟該如何主動去尋找、發現生命中將在轉角出現的貴人呢？

這世界其實不缺千里馬，只要能找到自己的使用說明書，要成為某個領域的佼佼者並非難事，專業雖有、機會也要有，如果我們找不到自己的伯樂，那麼就算千里馬衝得再快，也可能錯過真正適合自己的跑道。我認為自己非常幸運，一路上遇到諸多貴人，給了我很多資源與機會，把我帶到今天的位置。

出社會之後，我的第一個主管是時任台達電子人力資源部的副理許德明（退休前為台達電子人資管理處處長）。他發現我，是在我大一升大二的暑假，武陵高中校友會的迎新會上。當時應該要出現的遊覽車遲遲沒有到，八十個人大眼瞪小眼的苦等，我眼見情況尷尬，馬上拿起吉他開始唱歌表演，成功的炒熱氣氛，讓大家開開心心的坐上遊覽車。而許德明也是校友會的學長，他遠遠觀察我許久，活動結束後他才過來跟我說：「你真的很會帶活動，畢業以後如果沒有工作，來台達電找我！」

大學畢業那年，我因為兵役體檢為乙種國民兵，不需要服役，於是聯絡了許德明學長，順利進到台達電人力資源部上班，比其他同學整整提早了兩年進入社會。後來二〇一三年，他還向武陵高中提名我做為傑出校友，甚至寫了一封推薦信替我背書。他給我的不僅僅是一份好的工作機會、一個優良的企業氛圍，更是一種被人賞識的感動。

真要細數人生中的貴人，篇幅肯定是不夠的，我在此僅能提到幾位，未竟之處，還請見諒。

例如在信義房屋時，我的第一、二任店長宋文彬、蘇煜升都願意讓我住在店裡，蘇店長還替我支付了很多初期開銷，更給了我很多激勵與建議，「下雨天是勇者的天下」，就是他告訴我的道理。後來他離開信義房屋到紐約的慈濟擔任執行長，在我父親重病之時再次伸出援手，他給我的不僅僅是在工作上的協助，更是人生低潮時將我接住的溫暖感動。

二〇〇六年我正式離開職場、轉為講師，盟亞知識管理學苑的總經理陶淑貞也是我的伯樂，在我才剛起步、還沒成名之前，她便主動提供我一年三百萬的專任合約，跟我說：「我要簽你，你未來一定會紅。」雖然後期合作出現許多力有未逮的過勞情況，讓我毅然終止跟盟亞的合作，但當初若不是陶總經理挖掘我的潛力，我也不見得會有今天的聲譽。

在廣播與寫作的領域，我則是先後受到IC之音主持人任樂倫、時任環宇電台副總郭蘭玉的幫忙，一圓我幼時想當廣播主持人的夢想；二〇一〇年我在痞客邦講課，第一次遇到何飛鵬社長，他過來拍拍我肩膀說：「老弟，你課上得真的很好，幫你出書好不好？」從此開啟了我一連串的出書計畫，甚至得到在商周寫專欄的機會，讓我初次嚐到「走紅」的滋味。

貴人，就像平凡生活中閃耀的光點，他們的存在讓我們的天賦與優勢得以發揮價值，他們不計回報，願意在我們什麼都不是、什麼都沒有的階段，伸出援手、提供機會。因此，當我們有一天成為有資源的人時，也要回過頭來成為他人的貴人，透過創造連結與提供機會，我們也可以改變他人的命運。我深信在這個世界上，善良和助人的行為永遠是最有價值的。

被幫助的條件：誠實

如果想要找到貴人，你得先成為貴人願意幫助的人。其中我認為最好的方式就是：保持赤裸與誠實，把真正的自己展現出來。

貴人的臉上是不會大剌剌寫著「貴人」兩個字的，他們隱身在生活中的每一個角落，而你需要做的，就是在每一個任務盡力而為、每一次登上舞台時把握機會、每一次待人接物都謙遜相對，因為你不知道貴人什麼時候會出現。

反過來想，如果今天你要登台演出，你知道台下有很多大人物與潛在的貴人，於是你用演、用裝的，把自己表演成一個不是本來的樣子，就算他們一時欣賞你，以長遠來看，你的本性還是會被揭發，反而成為一個表裡不一的人。

因此我會鼓勵大家，盡可能在不要過度包裝的情況之下，讓自己的本性被察覺，你只需要在日常生活中的每一天都做完整的自己、做最好的表現，那個就是真我，是別人會真正賞識你的優勢。

但是，赤裸的展現自己，意味著要讓他人看見你的全部，也意味著你不能只展現自己好的那一面，也要把壞的那一面攤在陽光下。這個過程並不舒適，你可能會被別人討厭，也會收到批評與指教，但如果你因為害怕而把自己包得緊緊的，只想要求面子、求安全，那就跟大部分的人沒有什麼兩樣，既沒特色，也沒有被看見的亮點。

你害怕被討厭嗎？要知道，在這個世界上有個不變的定律，那就是你不可能讓所有的人都喜歡你。永遠會有三分之一的人喜歡你、三分之一的人討厭你、另外三分之一則是隨便你，而我們要做的就是盡可能提高自己被看見的機會、把能見度提高，縱使討厭你的人也會隨之增加，但你只需要專注在那些喜歡你的人就好。

往前坐、先舉手，反正最差就是「沒有成果」；沒有人要做的事，你就去試試看，反正最差就是「失敗」，也可以從中學到寶貴的經驗。一旦這些嘗試被你賭到了、賭對了，那收穫最大成果的就是你自己。

內向者的優勢：一出手就有

當然，也有一些人的個性比較內向，天性就不喜歡「往前坐、先舉手」，難道這種人就沒辦法被人看見嗎？我認為，內向者的成功方式跟外向者是不同的，正因為內向者善於傾聽，洞悉別人真正的需求，反而能看見外向者看不見的東西，並且在關鍵時刻發揮關鍵效果。

內向者可以採取「少說多做」的方式，當你說話說得少時，一開口就會引起大家注意，這就是「字字珠璣」的意思，但不能完全不說話，因為不說話就沒有曝光機會。內向者可以掌握對的時機、說對的話，例如，平常在辦公室很少說話，但是只要上台簡報就能表現出色；或者，當公司有一個重要的案子需要有人負責時，內向者可以很早就觀察到趨勢變化、布局相關資訊，反而比平常什麼都搶著爭功的人，更有底氣完成案子。

事實上，在我認識的朋友之中，讓我印象深刻且願意出手相助的人，很多都是內向者。這些內向者不會大聲表現自己、引起注意，反而是用體貼入微的方法讓人難忘。很多外向者會拍我馬屁，一見面就是抬舉、恭維的美言，但其實很多我根本記不得，但那些體貼到你心坎裡的內向者，反而讓我印象更深。

《安靜是種超能力》的作者張瀞仁就是內向者的代表，她的先生是大學的棒球教練，自己也是一個超級棒球迷。二〇一六年她正準備要出書，我介紹了一些出版社資源給她，她為了道謝，就送了我一顆超大棒球，上面有當年台灣U18代表隊所有球員的簽名。更令人感動的是，見面當天她知道我後面還有行程，不方便帶著這麼大顆的棒球去講課，她要我等她十分鐘，她當下就把棒球拿去宅配，寄到我家。她展現的不是往前坐、先舉手這種主動積極，她展現的是一個人對另一個人的貼心與用心，反而令人感動萬分。

要成為別人想幫助的人，有時候除了積極讓自己被看見，展現出最好的自己，另一種思路則是只在關鍵時刻出手，看見別人的隱性需求、掌握事件的核心元素，也可以遇到改變生命的貴人。

做別人的貴人，就是做自己的貴人

被動等待貴人的到來，終究是較為消極的做法。而且如果起了比較心，難免會把別人的成功歸咎給運氣，甚至想著：「是他的運氣比較好，遇到厲害的貴人，我就比較衰，沒有人要幫我。」

但我認為凡事要反求諸己，就像前一篇提到的，你想要貴人協助，但你有成為貴人想要幫助的人嗎？你有為自己創造機會與舞台嗎？或者，你曾經對他人展現你的體貼、在關鍵時刻出手相助嗎？我認為，即使沒有人給你機會，每個人仍然能成為自己的貴人，也可以成為他人的貴人。你可以藉由自己的努力爬上職場的頂層，替自己爭取發展的機會，讓機會不必求諸於人，而是掌握在自己手上，因此，你就是自己最大的貴人。

但我認為最可怕的是，如果人心中有怨氣，無論他後來發展得好不好、成不成功，都有可能陷入「不想給予他人協助」的負面循環，因為自己沒拿過，所以也不想給別人，這絕對不是一件好事。因為所謂善的展現並非只有一種形式，你可以有很多方式善待自己，也對他人提供正面的影響。

佛家教義中有三種布施方式，即「財布施」、「法布施」和「無畏布施」。

所謂財布施，就是慷慨分享物質財富，向有需要的人提供幫助；法布施，則是分享知識和智慧等內在的寶藏，幫助他人在生活中找到方向和意義；而無畏布施則是提供安慰和支持，在別人面臨困難、挫折或恐懼時，成為心靈支持的力量。這些行為看似是單向付出，其實都能加深我們與他人的連結，創造互相信任和關懷的關係。而你永遠不會知道，這些連結將如何在你的生命中產生漣漪。

10 創造多贏，同行不是冤家

二〇〇六年，我從安捷倫離職之後，便開始從事企業內訓講師一職。比起當年我從人資轉為業務所感受到的如魚得水，這一次轉職更讓我確信了自己的天分、優勢與熱情所在，在我拿起麥克風的那一刻，我可以感覺到鎂光燈打在我身上所帶來的亢奮，讓我得以盡情展現自己從小到大引以為傲的演說魅力與感染力。

這個轉職的決定獲得豐碩的成果，我的講師事業蓬勃發展，盟亞更將我簽為專任講師，每年保證給我七百小時的課，截至二〇一五年與盟亞終止合作前，我已經為兩百家知名企業提供內訓和演講服務，跨足兩岸市場，總計超過一千六百三十四場的上課場次和七萬五千人次的學生人數，擴大了我的影響力。

最令人上癮的是，從學生的回饋之中，他們告訴我自己是如何被我激勵、如何重新點燃工作的熱情，激發他們的思考和行動，這些都我感覺自己找到了天職，也找到了世界上最需要我專業的地方。

但是，隨著事業蓬勃發展，我也開始感覺到車子煞不住車的失控感。單打獨鬥的前五年，我的年平均授課時數超過一千小時，最極限時，曾經一年內授課一百七十四天，幾乎每天都在不同城市醒來。天天疲於奔命，我的腰椎更是早早就被折磨得不成人形。

二〇一四年的一次傷勢，是一個重大的轉折，讓我動了念頭要結束這種玩命般的講師生涯。當時，我去大陸講課，才剛到的第一天，我就在飯店的游泳池滑倒，把我本來就受傷的腰重重的再摔了一次，幾乎動彈不得。但我還是硬著頭皮在大陸撐了六場課才回台灣。

在飛機落下，回到中壢的車程上，我突然醒悟，人生要攀上高峰很難，但更難的是攀上高峰後的下一步要往哪走？難道我要一輩子過這樣的生活嗎？就憑我一個人，我還可以撐多久？

於是，就在隔年的二〇一五年底，我先是中止了跟盟亞的合作，並開始嘗試一些不同的課程形式。當時正值大陸知識爆發的年代，每個人都想成為像「羅輯思維」羅振宇那樣的知識性創作者，我也不例外。我開始跟當時剛起步的知識平台「大人學」等不同領域的講師們合作開課或舉辦演講。每場演講都座無虛席，至少有一百五十位學生以上，且每人收費可達一千五百元，代表一次講課就有二十二萬五千元的收入，就算扣除成本，也比企業內訓的時薪高出許多。

察覺到這一點後，我的思維從追求數量轉為追求質量。假設同樣要賺到五百萬的年薪，我過往可能得上一千小時的課；但如果我可以跟別人合作，互補專業、共享流量，那麼在時薪提高的狀況下，只需要五百小時就能達到一樣的年薪，又能為自己的身體與心靈保留時間與空間，不再需要賣命。

於是，我在二〇一五年同時開啟了我的兩個合夥創業——憲福育創與

Dreamer 38。Dreamer 38 是我第一次跨足餐飲業，貢獻得並不多，算是輔助性的角色；但憲福育創就像一記全壘打，不僅讓我的專業得到更好的加乘效果，也讓我把「說出影響力」擴大到公開班，讓一般專業工作者也可以參與。

其中的關鍵，是我的好夥伴王永福，也跟本章的第二字：Unique息息相關。

同行不是冤家，也可以為師

憲福育創是一個以簡報、演講、教學、寫作為主軸、並輔以職場個人成長的課程品牌，其中又以王永福（人稱福哥）開設的「專業簡報力」跟我的「說出影響力」為兩大核心，開出的課程場場爆滿，供不應求。我認為憲福育創成功的關鍵，莫過於我們兩位創辦人將原本的競爭關係轉化為緊密的合作。

就個性而言，福哥是一位非常專注且善於鑽研細節的人，是專家型的人；而我喜歡四處結交朋友、對各種事物都充滿好奇，但每一項都涉獵不深。我們兩人的性格截然不同，正好能夠互補，讓我們的創業不會偏廢任一方面，反而能將觸角伸得更廣。

福哥的資歷很深，過往企業內訓中主要教授簡報技巧，而恰好我也教簡報，於是我做出了一個很重要的決定。我跟他說：「一家公司不需要兩位老師都教簡報，簡報這一塊就交給你教，我則專注教演講，一人負責一個。」於是我們達成共識，只要涉及到投影片的課程，全部交給福哥授課，因為他在這方面更擅長，而我則專注於教授如何發揮影響力的技巧。這個決策出乎意料地為憲福育創帶來了近七年的高峰，我們驚訝的發現，學生在選課時不會只選其中一門課，反而是兩門課程全包。

從商業角度來看，這證明了退讓其實也可以是前進，當兩位合夥人不競爭同一個市場而是互相合作時，就能為公司帶來更大的效益。甚至，因為我專注於教授「說出影響力」的技巧，最終也讓這門課程成為我的招牌，形成了一個小而專業的利基市場，別人很難取代。這不就是創造多贏嗎？

其實，競爭是市場發展的驅動力，比起擔心競爭，有愈多的同業加入市場，才能讓需求更加蓬勃。在我的想法中，只有不夠強的人才需要擔心競爭，只要你讓自己變成不可取代的人，你就不用擔心競爭，反而應該要鼓勵競爭，把市場愈做愈大。

幾年前也發生過一件事情，讓我更加堅信「同行不該是冤家」的道理。當年，某位專門教財務的知名講師發現，另一位講師的課程關鍵課名跟自己的招牌課程雷同，他認為對方踩到自己的線，因此心有不滿，便在網路上公開表示對方侵犯到自己的智慧財產權。但上架課程的負責人卻主張，文案或課名本就無所謂智慧財產，沒有道理被獨占。

於是一時間網路上輿論風起雲湧，各說各話，吵成一片。由於剛好兩邊我都認識，我又不想選邊站，決定打開天窗說亮話，寫了一封信，寄給兩邊關係人及其好友。信裡我先勸說那位知名講師：「你身為前輩、神級般的人物，利用網路公開審問對方，真的有必要嗎？對方說得也沒錯，當時文案的確不是你的專利，如果你願意好好溝通，對方是會願意下架文案的。」另一邊，我也把課程負責人臭罵一頓：「你明明知道這個關鍵字是對方辛苦經營出來的品牌，幹嘛吃人家豆腐？」

結果信寄出去之後，大師就把公審對方的文字刪除了，課程平台也同步把有爭議的文案下架。這個課程界的小風波才終於平息。

在競爭中，已經占有領先地位的人更該寬容大度，不必去打壓後起之秀。就算市場可能會被瓜分，但長遠來看，當更多的人都來教同一門課是好事，代表這個市場愈來愈好、愈來愈大，學生們的需求也愈能被多元化的滿足，我們應該把競爭者視為同行者，我們是一起把市場推到更好的地方，甚至要感到慶幸。

與其更好，不如不同

在一個強調競爭的社會環境中，一定會有人認為「讓利」這個想法過於天真，甚至會想，今天我讓利給你，改天是不是你就會超越我，取而代之？事實上，我反而把這種擔憂轉化成激勵自己前進的動力，而不是把自己的優勢緊抓不放。不正是因為我們知道有人正在迎頭趕上，才會更加努力地前進嗎？不正是因為知道守舊會讓我們故步自封，所以才要設定新的目標嗎？

我很喜歡一句話：「與其更好，不如不同。」有時候你把目光放在追求獨特性上，反而更能打響自己的名號，讓所有人都忘不了你。

我曾經帶過一個學生A，A會跟著我去講課，但私下卻偷偷把我上課的模式跟方法學下來，說不定還有私下錄音。兩個月後，有個朋友跑來跟我說，「憲哥，A來我們公司上課，我發現跟你的課幾乎一模一樣！」這位朋友還把一個一分鐘的影片作為證據傳給我，我看了一眼，心裡默默就把這位A同學丟進我的朋友黑名單了，不再往來。

雖然我看不慣他的做事方式，但對外我不想斷他後路，因此不曾向人說過A的這件事。他甚至還會特地到我的臉書上留言，問我為什麼不理他了，我也沒有回覆。對我而言，我尊重他決定用抄襲或模仿作為自己的路，但這個世界上不需要第二個謝文憲，我也相信他不會藉由抄襲或模仿就變成第二個謝文憲。

我認為在新手時期，每個人都會有自己的偶像，你會想要模仿他、學習他的精髓，這是人之常情，我甚至鼓勵大家在入門時適度去模仿，但模仿不是抄襲，中間是有差別的，更應該遵守道德倫理。

我早年聽談判大師劉必榮的課，深感欽佩，我也曾經想學他，但時間過去，劉必榮還是穩坐談判大師的位子，而我早已不再教談判，因為我終究不會超過他；我也聽過很多卡內基的課，但我也不會變成卡內基。我終究就是我自己，終究是要走自己的路，沒有人跟你擁有一模一樣的使用說明書，那麼你為什麼想要成為別人呢？

我鼓勵大家一定要走出自己的路，要握緊那份自己獨有的使用說明書。考試可以抄襲得分，但人生的作品是沒有辦法抄襲的，到了最後關頭，你會發現自己努力一生，卻只抄得一個別人的影子，沒有名字等於沒有了全部，那會是一件很悲哀的事。

當每個人心裡都想著要拿取、要插旗，最終只會形成一個人人都不願放手的情境。競爭到最後，就會變成現在很多人談到的「內卷」（involution），過度的競爭只會導致人們進入互相內耗的狀態，反而無法達到進化。相反的，你讓利給對方，但同時你也持續在發展自己的特色與專業，甚至在向上爬的同時就要布局第二曲線，這樣才能擺脫被取代的焦慮，並且也把舞台讓給所有也想要上台的人。

與其更好，不如不同。你的獨特性是什麼？你最不怕被別人取代的部分是什麼？好好問自己這些問題，成為不用擔心競爭的那個「唯一」，如此一來，你就能夠打開心胸、讓利給他人，反而能創造更多機會，也是一種廣結善緣的方式。青年守則的第十條是「助人為快樂之本」，我直到現在仍然信奉這個簡單的道理。當你什麼都想要，你就愈容易開始走下坡；但當你把同行當成夥伴、甚至當成學習的對象，你反而更創造出自己的價值，並且與人為善，不會樹敵。

11／尋找價值觀一致的同行夥伴

人生有很多面向，職場雖然占了很大一部分，但我認為許多真正觸動我心的時刻，卻是發生在生命中看似微不足道的人際連結中。他們可能是朋友、是家人，拿掉功利主義式的斤斤計較，他們體現的是人生而為人最單純的價值。

二〇一八年，我的好朋友、拔河教練郭昇被酒駕駕駛撞上，傷勢嚴重，終身癱瘓。當時他萬念俱灰，人生跌至谷底，不僅身體有了殘疾，更難實現他一心想為台灣拔河隊締造紀錄的夢想。我看到他的樣子，十分不忍心，第一時間先與王永福、呂淑蓮、林明樟、周碩倫、葉丙成教授等人，一起舉辦了二場募款演講，緩解郭教練初期龐大的醫療與照護費用。

但我心裡一直在想，我還能為他做些什麼？

於是我透過朋友牽線，聯繫上王建民的經紀人，寫了一封長信，希望他可以「台南人挺台南人」，來病房探望郭昇，為他打氣。尤其王建民自己曾經歷肩膀傷勢，後來還能在藍鳥隊拿下六勝，我認為由他來為郭昇打氣，再適合不過。

沒想到，王建民立刻就答應了，我印象很深的是，他花了四個小時特地從台南一路開車到桃園，只因為擔心搭高鐵太引人注目。那一天，他戴著一頂棒球帽與口罩，出現在病房，我看到他的那一刻真的激動不已，也讓我感受到，我真的可以為郭昇做一些事情。

這位協助我牽線的朋友就是一〇四人力銀行董事長室協理李明倫（現為一〇四人力銀行高年級營運長），經過那一次事件，只要是他需要的地方，我絕對兩肋插刀、義不容辭，他請我去上課、我就去上，他要推線上課程、我拚了命幫他賣票，只因他當時幫了我這個忙。

此外，當時郭昇在休養期間，因為二十八天期滿要被迫轉院，我認為這件事非常不合理，一個國家隊的教練為國家披荊斬棘、付出了這麼多血汗，今天他被酒駕撞了，怎麼能要他大費周章轉院？於是我把這件事告訴台大教授葉丙成，他也立刻跳起來反對，公開寫了一篇文章寄到總統信箱，後來成功讓郭昇得以留在桃園長庚醫院休養，總計在普通病房住了八個多月，得到安穩的照顧。

這些事情都無關乎事業、無關於賺錢，背後是真實的人道精神、是正義感、更是義氣，也展現人與人之間難能可貴的友誼。你問我朋友是什麼？朋友就是在沒有利益得失的情況下還願意站出來替你發聲、給你協助的人，他們就是你人生中可以相知相伴的同行夥伴。

大方有義氣，就能擁有夥伴

我出生在一個客家家庭，家境一般，長輩們一代代都有著節儉的美德，所以也造就了我不太會亂花錢的習慣。有趣的是，在舊觀念中，節儉跟儲蓄都是好習慣；但到了新觀念裡卻未必如此，反而是愈花愈有錢、愈滾錢愈多。但我的舊觀念卻很難被翻轉，即使後期我達到了所謂「千萬講師」的等級，還是不改節儉的天性。

直到二〇二〇年，在我父親的告別式上，我看著靈堂上掛著的布條上寫著我父親的名字「謝公豐秀」，除此之外，什麼也沒有寫。我想到有一天當我成為告別式的主角時，我的布條上也只會寫著我的名字謝文憲，它上面不會寫我是千萬講師、暢銷作家，或是遺產共有一億，它什麼都不會寫，因為這些都不能代表我是誰。那麼，為什麼我要追求它呢？金錢的意義是什麼？我們緬懷一個人的時候，難道會在乎他一生存了多少錢嗎？

就在我父親生病後不久，我的親弟弟也突發心肌梗塞，險些留下遺憾。事後我弟弟跟我說：「死到臨頭，我才想到人生最大的遺憾之一是沒有環過島。」我一聽，二話不說撇下工作，排了日子就陪他一起進行環島之旅，兄弟之間歷經生死關頭後，第一次有機會重新檢視人生中重要的事情。

父親離世加上弟弟意外重病，真的像醍醐灌頂一樣，讓我反思起生命中最重要的價值。

當然，這不代表我從此超脫凡塵、不再賺錢，而是我不再把賺錢當成重心，而更能以追求價值為重心，我開始去追求親情、友情、愛情。而錢，只是點綴人生中各個關係的好工具，你可以成為一個慷慨的人，請朋友吃飯、贊助你在乎的事、實現家人的願望，甚至也可以為不認識的人單純的做一件好事。我這才發現，能夠在沒有利益關係的情況之下付出，是一件多幸福的事。

佛家說財布施，會愈施愈多。背後的含義，不只是讓你錢愈花愈多，我想更多的是你愈給予，心裡的富足感就會愈多，達到身心靈真正的豐盛。

人生走到五十後，年輕時汲汲營營想追求的影響力、財富、名聲，現在都已不是追逐的目標。孔子說，五十而知天命真的有其道理，當你已經努力走過職場上爭取機會的年歲之後，你該得的大概都得到了，而命裡沒有的，就別刻意強求，那些不適合你的人事物自己會離開，那些適合你的，終究會留下來。

家，是你永遠的後盾

在關係之中，很多人會不小心忽略的，我想就是家庭了。因為家是義務，所以容易讓人輕忽它的珍貴；因為家是不離不棄，所以讓人容易忘記感恩；但也正是因為家像空氣一樣太過理所當然，當它有一天破碎時，反而會有強大的後座力，即使一個人在事業上有多成功，都很難感到真正的幸福。

這就是家的連結，而我很幸運的擁有一個讓我沒有後顧之憂的家庭。

要營造好的家庭氛圍，第一點一定要認知到：家是一個講愛的地方，不是講道理的地方，尤其跟另一半之間一定有能互相尊重，不必凡事都要爭輸贏對錯。一段成功的婚姻不必要求恩愛如昔，其實能夠相安無事、彼此支持，就已經是萬幸。我結婚已超過二十八年，我跟太太的相處模式就很自在，她從來不會要求我一定要依照她的意思行事，她給我很大的空間，因為她知道我需要這樣的空間，有妻如此，實在很幸運。

對於孩子，我有兩個兒子，一個大學剛畢業，一個則是職場新鮮人。平常我很少跟他們說什麼大道理，我認為以身作則是更重要的事，一如我的父母對我的教育，言行舉止就是最好的典範。我在工作上有點工作狂性格，他們眼中的父親應該都是我努力工作的背影，他們也繼承了我這種很拚的個性。也許一開始找不到方向，但他們都不會有躺平或擺爛的心態，都是盡可能去嘗試、去摸索，失敗或放棄也沒關係，因為我以前也是這樣，成長過程本來就充滿半途而廢的嘗試，但那都是更快找到自己使用說明書的捷徑。

說到底，我認為經營家庭最重要的原則是愛，把愛放在最前面就對了，不用爭輸贏。我平時很在意數字，很在意機會成本，但在對面孩子的成長時，就算工作再重要，也比不上他們一生只有一次的畢業典禮、運動會、園遊會活動，就算我平常加再多班，這些重要的時刻我都盡可能不缺席。我不是一個會跟孩子講體面話的父親，也不是一個會跟太太秀恩愛的先生，但愛是把家庭成員串在一起的重要之繩，花心思去經營，用尊重的心對待家人，家庭就會成為你在外打拚之後，永遠可以安心的最強後盾。

12／把自己活成一道光，就能照亮他人

把自己活成一道光，因為你不知道，
誰會藉著你的光，走出了黑暗。
請保持心中的善良，因為你不知道，
誰會藉著你的善良，走出了絕望。
請保持你心中的信仰，因為你不知道，
誰會藉著你的信仰，走出了迷茫。
請相信自己的力量，因為你不知道，
誰會因為相信你，開始相信了自己……
願我們每個人都能活成一道光，綻放所有的美好！

——泰戈爾〈用生命影響生命〉

關於創造連結的最後一個字，是 Bright，也是我最喜歡的一個信念。人的一生很短，但透過用生命來影響生命，就能在有限的時間內創造無限的價值。傳奇詩人泰戈爾的這段詩句很常被我拿來引用，鼓勵大家將自己的生命活得閃閃發光、活得精彩充實，就能成為他人的改變者、啟發者和正向能量的傳播者。

二〇〇五年，王建民在美國職棒聯盟大紅大紫，只要他拿到勝投，隔天蘋果日報就會全版刊登，一時間，全台老老少少都在收集王建民的海報，媒體也都把他譽為台灣之光。後來的台灣之光當然還有很多：網球選手盧彥勳、羽球選手戴資穎、烘焙師吳寶春、國際名廚江振誠、奧斯卡金像獎導演李安……都被視為台灣人的驕傲。

但你有沒有想過，為什麼我們會稱他們為台灣之「光」？為何不說台灣之榮、台灣之傲？

我認為光，是每個人都想追求的存在，我們都知道陽光、空氣、水是生存三元素，空氣很重要，但也很常被忽視；水很重要，但我們也常常忘記它的存在；唯有光是我們最容易感知到的視覺刺激，人都有趨光性，是我們本能想要去追求、去靠近的。

要成為台灣之光，夢想太大，但要成為家裡的光、朋友的光、同事的光，並不難。你可以不必成為一顆恆星，你只要把自己的能量打開，試著先發出微光，你身旁若有人的人生遇到低谷、暫時停電，正在黑暗之中茫然無措時，你可以成為他救命的手電筒，給他安全感，讓他安穩的等待黑暗過去，等人生的電再次歸來。

在工作崗位上就能照耀他人

很多人以為，幫助別人只能透過公益行為。但如果你轉念思考，主管的工作就是幫員工達成他的目標、員工的工作就是幫助公司完成任務，甚至我到服務產業去演講時，我都會說一句話：「選擇服務業，就是選擇一種以幫助他人解決問題為核心的生活方式。」我相信服務他人，就是在工作中照亮周遭的最佳方式。千萬不要忽視一個人能產生的力量，也不要認為自己只是一個被雇用的小螺絲釘，你能做到的事，比你想像的還要更大。

我講一個自己的故事給各位聽，這個故事中出現了很多我生命中，原以為只會是過客的朋友，有的是我的學生、有的是我節目的來賓、有的是我多年前的主管，他們分別出現在我人生中的不同場合、不同時間，一開始我都以為是自己幫助了他們，沒想到最後回饋給我的卻是無價之寶。

二〇二一年，我父親確診第三期胰臟癌，醫師預告大約還剩三到六個月，我的弟弟妹妹都是上班族，不太能隨意請假，所以我有空時就會陪他去醫院做化療。十二月二十三日是我生日，那天我跟著他搭上復康巴士前往醫院，我回頭跟我爸說：「爸，今天是我生日，我哪裡都沒有去，我帶你去化療喔！」那時他已經說不出話來，就輕輕的點了點頭，人已經憔悴到不行了。

在醫院裡，我很快意識到，以前結下的緣分，現在開始回頭幫我了。

第一個是臉書好友阮國彰醫師，我跟他交集不多，但因為事態緊急，就寫信告知他我父親的狀況，希望他能協助聯繫我父親的主治醫師多照顧我爸爸。他只回答我一句話：「憲哥的事就是我的事，我來處理。」

第二個是我的學員林治萱，她是護理師，當時我的阿姨在病房裡面照顧我爸爸，但不太知道該怎麼幫病人翻身，包尿布也手忙腳亂，不知該如何是好。這位學員知道我的狀況，馬上說：「憲哥我來幫你。」要知道，當時是三級警戒，連家屬都不能進去病房，但這個學員因為護理師身分，只花了半小時就去到我父親的病房，帶了一整套翻身的設備器材，手把手教我阿姨怎麼使用。我趕緊打電話去感謝她，她也是回我：「舉手之勞，這沒什麼。」

第三個則是我多年以前在信義房屋的店長蘇煜升，他搬到紐約工作，並且在紐約慈濟擔任執行長。二〇一八年三月，我帶著我的兒子去美國紐約旅行，他傳訊息邀請我去紐約慈濟演講，感念過去這位店長關照我許多，我立刻就答應邀約，而且完全沒跟他們收費用，我當時心想，這算是還我店長的恩情，感謝他當時提拔我。沒想到他在臉書上看到我父親生病，打電話問我：「你們家有沒有電動病床？讓爸爸舒服一點。」原來，慈濟有個二手病床的服務，他們將病床整理完畢之後出借給需要的人，我一直拒絕他，請他讓給比我更需要幫助的人，但他還是堅持幫我送過來。

我印象很深刻，那一天送病床來的人都是上了年紀的阿北，他們吃力地把近百公斤的病床從樓梯間扛進我家，甚至有一位是中壢聯新醫院的醫師，閒暇時就在慈濟當志工，幫忙別人。

隔年二〇二二年，我爸爸在林口長庚醫院病危，我把這個訊息告訴了我的二位學生急診醫師楊坤仁、安寧緩和照護醫師朱為民，他們提醒我，離開醫院時記得請醫師開嗎啡貼片，讓父親最後一程走的比較舒服。下午一點出院後，我們把爸爸送到家中三樓，本來以為離開呼吸器，爸爸大約半小時就會走，沒想到一個小時、兩個小時、三個小時過去了，呼吸還很正常，我趕緊打電話叫全家人回來見爸爸最後一面，一起拍張照。結果呢？我們拍完照等了好久，我爸爸最後在晚上九點半離開。

第四個人，是冬瓜行旅、單程旅行社的社長的小冬瓜，我透過劉柏君牽線認識。我爸爸離開前幾晚，我打電話給他：「我爸爸若走了，可不可以請你幫忙？」小冬瓜一般只接台北的案子，我家在中壢，但他一口答應，沒有簽任何合約，也沒有買生前契約，只憑一通電話他就願意協助。

第五個人，則是在網路上寫文章爆紅的接體員「大師兄」。二〇二一年，新冠肺炎疫情三級警戒，很多行業都受到影響，所有的宣傳跟行程更是難上加難。當時大師兄出版新書《火來了，快跑》，很多節目都因為三級警戒而推開通告，我因為很欣賞大師兄，也想認識他，便答應出版社的邀請，請他來上我的廣播節目。節目錄完影，我還問他：「大師兄，你在哪個火葬場服務？」他跟我說，他在中壢火葬場。

因此，除了小冬瓜外，我也打了電話給大師兄，但不巧的是，火化日當天剛好也是他離職前最後一天，而且他下午還請年假，他跟我說，他沒辦法到場，但一定會請同事協助。

沒想到，送到中壢火葬場的那一幕，我完全傻眼，在門口等我的有兩個人，一個是小冬瓜，一個是大師兄。我驚訝的問：「大師兄你不是下午請年假嗎？」他回我：「休什麼年假！你的事就是我的事，我當然親自來幫忙。」誰想得到，最後幫我爸爸撿骨的人，竟然是一年前上我廣播的來賓？

當我父親棺蓋鎖起來那一刻，這一連串的事件忽然都有了連結，我覺得自己像被雷打中般醒悟：人是可以積陰德的，你幫助的人愈多，最後回過頭，都是別人在幫助你。對於這些一路上幫助我的人，我根本沒幫過什麼大忙，不過就是上個廣播、上個課，也沒什麼了不起。但他們最後都用各自的專業，在我最需要的時刻幫了我一把，對他們來說也許「沒什麼」，但卻是我當時最需要的協助。

因此，你要相信自己在工作中所累積的專業，就是你可以幫助他人的最佳方式，說不定你自己都沒有察覺到，自己已在不知不覺中做了很多利他的事——也許是激勵了員工成長，也許是幫助客戶賣掉房子、解決燃眉之急，也許是用溫柔耐心的服務療癒了正值低潮的顧客，誰知道呢？當你擁有專業時你就是一把火炬，「你的舉手之勞，可能是他人的無能為力。」

從獨善其身到閃閃發光

在這個世界上，沒有人是一座孤島，也沒有人會永遠活在躲在陰暗角落，人性的源頭就是「連結」，每個人的心底深處都渴望有人在乎、有人與你互通有無、有人給你舞台，當你站上去之後，你活出自己的使用說明書，就算不是台灣之光，你也能被鎂光燈照得閃閃發光。

從我認識的貴人身上、周遭的朋友家人身上，再到五十歲後遇見幫我的人身上，我看見心存善念的人們都從一個燈泡變成一盞檯燈，從一盞檯燈變成一把營火，慢慢的力量愈變愈大，最後甚至可以變成燈塔，為別人照亮靠岸的道路。

活成一道光，不是一個結果，而是一個過程，你從獨善其身開始，讓自己變得更強、變得更專業、變得能量充足，你自然而然就會發光，最終有一天，如果你真的是領域的佼佼者，你就有機會變成台灣之光。

台灣之光不值得追尋，值得追尋的是讓自己先發光。

「人本心理學之父」哈羅德．馬斯洛（A. H. Maslow）將人的行為動機歸納為五類，由低層次到高層次分別是生理需求（physiological needs）、安全需求（safety needs）、愛與歸屬需求（love and belonging）、自尊需求（esteem）與自我實現需求（self-actualization）。活成一道光，無疑就是達到自我實現需求的層次，藉由造福他人，完滿自己的人生。

但「自我實現」，我認為應要先從自我出發、才求對他人實現。例如，我喜歡運動賽事中的團隊精神，我也對演說技巧很有熱忱，希望能讓更多人透過演說傳達自己的理想、帶給別人力量。於是我針對這些領域不斷鑽研，我也沒有刻意追求公益或行善，但十年過後，當我在領域中發光了，我就更有能力照亮他人，自然達到利他的效應。

發光，不必急著從偉大的目標開始，每個人都可以有自己發光的方式，你不用跟別人一樣，只要某件事是你的專業、你的優勢、甚至你的熱情所在，就努力雕琢這塊領域，做到比別人更傑出就是好的起點。

極憲心法

- 想要創造連結，就要把自己當成一個HUB──Humanity，展現自己的人性、理解他人；Unique，讓自己成為獨特且不可取代的角色；Bright，讓自己變得更強，讓自己先發光。
- 你不可能讓所有的人都喜歡你，不要害怕被別人討厭，如果你因為害怕而裹足不前，就會錯失很多機會。
- 與其更好，不如不同。找到自己的獨特性，就不怕別人取代。
- 經營家庭最重要的原則是愛，花點心思經營，用尊重的心對待家人，讓家成為你永遠可以安心的最強後盾。
- 選擇服務業，就是選擇一種以幫助他人解決問題為核心的生活方式。
- 你的舉手之勞，可能是他人的無能為力。

Mindset 4

走出低谷

在低潮時看見自己

為什麼我們會感覺自己處於低谷？那是因為把人生目標當成 KPI 在執行，唯有達到某個成果或獎項才是成功，就會因為達不到而感到痛苦；但如果把人生目標當成使命與信念在執行，那麼過程中所做的每一件事都有意義。

13／人生一場，要命還是要錢？

在生命這場漫長的賽季中，每個球員都有遭遇低谷的時刻，可能是身體上的、也可能是心靈上的，但無論是哪一種，它都是我們突破極限路上的消磨，更是考驗我們對於人生極限的渴望究竟有多堅定。

低谷不可能沒有，何況少了低谷，又何謂高峰？沒有挫折的人生就像少了醍醐味，但醍醐味太多也不好，人在低谷的時間最好不要太長或太短，只要有足夠時間學習到人生精髓，但又不至於讓我們站不起來，這樣最好。

我這輩子很少在公共場合大哭，因此永遠記得二〇〇六年八月二十五日，那是我出差到蘇州講課的最後一天回程，我在上海浦東機場的登機大廳，坐在輪椅上，一位阿姨推著我，而我像旁若無人般的放聲大哭。

為什麼我會哭成這樣？其實，早在出差之前我就已經感到腰椎不舒服，去醫院照了X光後，發現是椎間盤突出壓迫到了坐骨神經。當時我的狀況非常需要休息，但不巧的是，隔天就有一場位於蘇州的四天課程，而且連續四天都得上整整八個小時的課。我一向是很敬業的人，如果不是必要，一定不會輕易請假，但我當時已經痛到額頭冒汗，才撥了通電話向盟亞請假，不過事發突然，一時也找不到可以替代的講師，我只好硬著頭皮收拾行李，準備隔天出發。

如果可以自由行走，誰想被推著走

當年台灣到大陸還沒有直航班機，得先飛到香港、再轉往上海，一整趟下來我幾乎沒辦法走路，但抵達蘇州後，我還是咬著牙把四天共三十二小時的課上完，到了回程那天，我的腰椎已經正式宣告陣亡。還記得我在上海機場，硬是走到東方航空的櫃檯前，痛到全身都是汗，地勤嚇了一跳，連忙問我：「你還好嗎？需要幫助嗎？」我無力的跟他說：「我腰很痛，可以申請輪椅嗎？」

這是我人生第一次坐輪椅，機場還派了一位阿姨幫忙推我。我坐著電梯準備前往三十六號登機門的途中，剛好經過一間書店，店裡正好在放一首歌，而我一聽到那個旋律、歌詞，終於忍不住心中湧上的情緒，瞬間嚎啕大哭。正播放的歌是順子的〈回家〉。

阿姨看到我哭成這樣，急忙詢問：「你很痛齁。」我一邊流著眼淚一邊說：「嗯，非常痛。」但他不知道，比起腰痛，更多的是心痛。我想到我媽媽這輩子坐了十四年的輪椅，我從來沒有體會過她的心情，甚至偶爾還會覺得帶媽媽出去很勞師動眾、很麻煩，直到那一刻我才知道，如果能自由行走，誰想要被別人推著走？

除了自己，誰為你的身體負責？

在我小的時候，母親曾是做家庭代工的裁縫師，用手工賺取微薄的薪水。我長大一點後，她開始在國泰人壽擔任保險業務，直到一九九一年八月她中風之前，都一直非常拚命的工作，有時候工作需要應酬，作息也不太正常，只為了換得比較好的收入。

因為她努力賺錢的緣故，我們家從一開始家境普通，到我大學時逐漸變得寬裕起來，在一九八〇年代，我們家就買了一台486電腦，有全彩的百科全書，有一台進口風琴，現在回想起來，那些都是我父母當時用很高壓的方法賺來的。有時候我也會好奇，如果那時我母親沒有這麼拚命工作，她會不會就能改寫命運，不會這麼年輕就中風？

母親生病之後，她的主管和同事雖然都會來探望她，但隨著時間拉長，探望的次數也漸漸下降。不管你在職場上多麼努力，跟團隊多有革命情感，回到現實的日常場景，每天在床邊替我媽把屎把尿的還是我們家人，爸爸、我弟、我妹、還有我。這讓我深刻明白，不管在外頭有多少朋友，但最後真正會陪在身邊的還有家人，朋友再好，客戶、主管再好，那都只是一下子，不會是一輩子。

經歷椎間盤突出後，我開始更重視健康，也成功的在二〇〇七年戒菸，養成游泳的習慣，我知道只有我可以為自己的身體負責，就算在工作上為公司付出再多，如果身體壞了，連累到的只會是自己跟家人。

但即使如此，我在那次蘇州出差回來後只休息了二十天，又開始馬不停蹄的講課生活。光是二〇〇六年的下半年（上半年我還在安捷倫工作），我就上了近五百小時的課。身體不舒服，但又不敢停下來，我知道自己的講師職涯才剛開始起步，如果現在停下來，不僅會立刻失去收入，更擔心會影響日後發展。

當時的我剛在業界累積起一些名氣，企業邀約紛沓而至，其中不乏國內數一數二的知名企業。那正是要起飛的時候，我總想的是如何上更多的課、如何攻占更多中國大陸的城市、如何在各個產業插旗、如何把課程上到讓學生崇拜我……比起健康，我的腦中更多是這些想法。所以與其慢下來，我反而是用另一種方式作為防止自己過勞的堤防——主持廣播與就讀碩士班。

二〇〇九年，我受任樂倫小姐邀請，共同主持IC之音的節目，這讓我每週一有了一個絕對不能排課的時段；二〇一〇年九月到二〇一二年六月共二年期間，我又去就讀中原大學EMBA碩士班，每一週固定有一天晚上必須到學校上課。這兩件事就成為我擋掉大量出差行程的一個妙計，沒辦法安排太長的出差，再怎麼硬塞，最多也只能安排我出差四天，讓我有機會可以喘息。

一個人在四十歲想衝並沒有錯，我相信每個工作者想要努力的心情都是一樣的，但我們常常會忘記健康的重要、家庭的重要，或者學習的重要。對我而言，廣播跟研究所就像我人生旅途的兩個逗點，如果我只顧著往前跑、馬不停蹄地工作與講課，那就像一篇沒有逗點的文章會令人喘不過氣，過勞的生活也同樣會把我燃燒殆盡。因此，為自己的生活安排逗點是非常重要的事，必須想方設法創造這些喘息的空間。

健康不為零，但不可能沒有折損

汽車開久了，零件就是會耗損，車體就是會折舊，這是免不了的事。我比較不喜歡一個觀念：好好保重身體，要好好保持健康，一定要早睡早起。我就會回他一句：「那人活著是要來幹嘛的？」車子就是要拿來開的，不是在停在那邊擺好看的；人也是一樣，不是每天只要早上起床吃早飯、中飯、晚飯，然後睡覺，日復一日。

人活著的目的不是只為了生存，而是要為目標而衝刺，要努力展現成果，要放大自身價值，要能夠幫助他人。所以我不會追求完美的健康，因為健康不是我人生首要追求的東西，它只是我實踐目標的基底。我甚至會想像，假設今天時光回放，讓我過著沒有高血壓、沒有肝臟問題、也沒有攝護腺癌的健康生活，也許現在的我可以擁有一副健朗的身體，但相對的，我可能就不會擁有今天這般成就。

有些折損，是你為了得到成果必須付出的代價，就像吃藥會有副作用一樣，努力做一件事情本就有其代價——時間、體力、精神——我不相信天上會掉下來不勞而獲的事情，我出版過多少本書也都是熬夜寫出來的。

我後來得出的結論是，健康不必是一百分，只要它不為零就好，把成就、財富、健康、人際關係等，這些人生重要的項目都一一列出來，在有限的時間與資源中，再思考如何依自己的價值觀，安排這些項目的優先順序，例如我對健康的要求只要有六七十分，我認為人生本來就有耗損、什麼都不做也會變老。最重要的是，我要把自己活成一道光，在可以達到這件事的前提下，盡可能的讓我的健康維持在一個水平就好。

在達賴喇嘛與屠圖主教的對談紀錄《最後一次相遇，我們只談喜悅》（*The Book of Joy*）一書中，有段關於健康的觀念是這樣說的：「治癒（healing）和治療（curing）不同：治療包含嘗試消除病灶，但不一定會成功。治癒，則是『回到一種圓滿』的狀態，不論疾病本身是否能夠治療都有可能發生。」

把自己活成一道光，無論身體是否有些許耗損，對我而言，都是回到圓滿狀態的展現，也才是人生最大的價值所在。光，不會因為富裕或身體健朗而特別閃亮，而是當你能幫助別人走出黑暗、照亮方向時，人生就能閃閃發光。

14 脫下標籤，你的人生剩下什麼？

無論從外表看來多麼成功、人生美滿的人，背後一定也有不為人知的低谷。職稱、頭銜、獎項或是財富，這些我們用盡一生努力追求的事物，說到底也不過是一張又一張的標籤貼紙，貼著貼著，有一天總會掉的。等到脫下標籤的那一刻，你有想過，自己的人生究竟剩下什麼？

二〇一二年，我遭遇了人生中第一次的低谷。當時我正往事業的巔峰邁進，從研究所畢業、出了三本暢銷書、有兩個很乖的兒子和支持我的太太，在外人眼裡，我看似人生勝利組，但只有我自己知道並非如此。那時，我心裡想的正好相反：從研究所畢業了，也把人生所學出成三本書了，這些過去被我視為短期目標的事情都達成之後，我不知道自己還可以做什麼？

於是，從那年的七月份開始，沒有了防止我過勞的堤防，我又開始像個上課機器一樣，每天、每週、每月的行程像無止盡的輪迴，搭飛機、上課、飯店、上課、搭飛機，過著日復一日不變的生活，我變得沒有使命感，甚至對自己的人生心灰意冷。

我是誰？

還記得某一天，在上海松江的一間大企業上完課，傍晚五點，司機在樓下接我，回飯店的路很漫長，大約要一個多小時車程。簡單的吃完一碗麵之後，不到七點鐘，我一個人搭電梯進到公司安排的三星飯店，揮之不去的煙味殘留在房間裡，一扇很大的落地窗在我面前照映出我沒有表情的臉孔，窗外是一個沒辦法出去的小陽台。

我打開那面又大又寬的窗戶，看著人稱「魔都」的上海街頭人來人往、車水馬龍，窗外的一切是那麼陌生，跟我心裡的狀態差不多——沒有一個人我認識、沒有一個人認識我。我開始自問：「為什麼我要在這裡？可不可以不要賺這個錢？」

我沒有憂鬱症的問題，但當時不知道為什麼，腦中一個想法一閃而過：只要了結自己，就可以不用再過這樣的生活。而這些負面情緒，我甚至沒有一個人可以傾訴，再怎麼低落、沮喪，隔天還是乖乖起來去上課。

現在回想起來，那段時間不快樂的原因有幾個：第一是我的工作行程被排得太滿，幾乎到了瘋狂的境界，幾乎每個月都有近百小時的課程在等著我；第二，我的工作很常需要往返大陸，這讓我沒辦法跟親朋好友相聚，沒有人可以聊天、沒有人可以分享，跟工作的夥伴都是吃完飯就再見，隔天見面繼續上課。

在大陸的時間我都是一個人，我不像一些講師的生活那樣多采多姿，晚上出去玩、唱KTV或是喝酒娛樂，我的原則是把工作跟生活切開，出差就是出差，要玩就等休假時再跟朋友安排出遊。晚上進到飯店，我唯一的樂趣就是滑一下臉書，看看大家在做什麼、去了哪裡，但愈滑就愈感到寂寞。

我的身邊看似有一些尊敬我的學員，他們都說我課上得很好，掌聲不斷，演講事業也有了新的發展，各方面看起來都很不錯，可是當我回到飯店，我只有自己一個人，什麼都沒有。與其說是想結束生命，不如說我當時很討厭自己的人生，我不喜歡這個工作，我又是個不菸不酒、沒有娛樂休閒的人，只覺得人生好像已經沒有東西可以追求，能做的就只有等，等隔天早上八點司機來飯店樓下載我，再去上七個小時的課。

這也是為什麼我曾有一段時間不喜歡接觸學員，反而比較喜歡接觸不清楚我職業的朋友。例如，逢甲大學的學長、在台達電時認識的前同事，他雖然知道我小有名氣，但不知道我實際上在做些什麼，我們沒有利益關係，可以很輕鬆的分享彼此的故事與心事，也不用擔心他會把私下的我跟講台上的我做比較。

當我把身上的標籤都撕掉，我不是千萬講師、我不是大家口中的「憲哥」時，我是誰？我是什麼？當時的我對此感到茫然無措，我只想當「謝文憲」，我可以不要當憲哥，但最難還是問自己：我到底想要什麼？

沒有使命感，只會愈忙愈空虛

在這樣的心境和壓力下，我跟盟亞的合作關係，其實並沒有處理得非常妥當，成為我心中的一個遺憾。二〇〇六年，我從安捷倫離職半年後，盟亞的執行長陶淑貞就找我簽約，後續的〇七年到〇九年，我都跟盟亞簽訂專任合約，所謂的專任合約就是長期保底的一種合約方式，對盟亞來說，我必須保證上滿七百小時的課，為公司賺取一定的利潤；對我來說，也算是一種保障，保障我每年至少七百小時的時薪收入。

但這三年下來，我很快就感受到力不從心，於是從二〇一〇年開始，我不再簽訂專任合約，但盟亞依然不斷幫我排課，我實在受不了，就在當年的教師節跟盟亞當面開會，忍不住有些情緒說：「你們這樣排課會把我弄死，如果要這樣子排，我以後不幹了。請你們做好明年沒有憲哥的心理準備。」

其實，情緒爆炸的背後，我自己也有一些問題。二〇一〇年，恰好是城邦媒體集團執行長何飛鵬找我出書的第一年，也是就讀EMBA碩士班的第一年，我心裡想要寫書，也想好好讀書，但同時盟亞排的課一直不斷湧向我。我的一個優點也是缺點，就是我始終抱著「不斷揮棒」的心態，不太喜歡推掉邀約，但接到最後，發現自己其實根本沒辦法兼顧這麼多事。

我的身心已經很累，但事情還是接二連三的出現，實在無法承受下，最後才導致跟盟亞間的裂痕。

在那次大吵後，我把原先擁有的五%股權賣回給盟亞，但根本的情況並沒有好轉，除了念研究所的期間有稍微喘口氣，但一直到二〇一五年我們正式終止合作前，我內心雖然不喜歡，但還是繼續接他們排給我的課。

事隔多年，我沒有再見過盟亞的陶姐，我知道自己還欠她一個道謝。謝謝她在那十年對我的賞識與照顧，如果當時沒有盟亞給我那麼多課，沒有那樣逼著我去工作，也許也就無法成就今天的我。

但我還是得要正視自己內心的聲音，沒有使命感的時候，努力工作會得到的結果只有賺錢，跟一種「不做這個、我還能做什麼？」的無力感。當時我的經濟壓力並不太大，房貸很早就還清了，每個月孝親費跟弟弟共同分擔，負擔也不多，賺錢對我來說並沒有急迫感，反而當我愈努力工作時，感受到空虛感就就愈大。

我該怎麼辦？

找回感動，就能找回使命感

為了找回人生的動力，在四十五歲時我又做了新的嘗試，試圖把過著如同上課機器般的日子做一些扭轉。

二〇一三到二〇一六年是我人生中最大的轉折期。二〇一三年開始，我第一次正式有了自己的廣播節目「憲上充電站」；同時，我開始擔任商周專欄作家；也在同一年，認識了生命中重要的夥伴王永福，後來在二〇一五年八月一起創辦憲福育創。

甚至我還做了不太像我的事，那就是出了《人生最重要的小事》這本書。我的前三本著作《行動的力量》、《說出影響力》、《教出好幫手》都是跟職場或個人能力相關的工具書，也是出版社主動邀約撰寫的題目。唯有這本《人生最重要的小事》是我出於內心的聲音，書裡不談功成名就，而是情感抒發，原以為銷量不會太好，但後來也賣超過一萬本。

可惜的是，二〇一四年我又不小心接了太多課程，一整年高達一千一百二十七個小時。為什麼明明不想要，但還是接？那時的我雖然有了方向的轉變，心底深處仍隱藏著恐懼——害怕自己有一天不紅了，怎麼辦？

我認為大多數人都跟我類似，在二十歲到四十五歲這段人生歷程中，就像《第二座山》（*The Second Mountain*）這本書中所闡述的，我們還處在人生的「第一座山」上，在這個階段我們沒辦法放棄社會稱頌的傳統價值，並且常常懷有四種恐懼：財務恐懼、知識恐懼、社交恐懼、情感恐懼，我們會擔心自己賺得不夠多、擔心自己在專業上有不足、擔心外界對自己的評價、也還會受人情壓力所左右。在這個階段，往往會以為幸福快樂就是「避免」這四大恐懼。

這也是為什麼從一九九一年出社會開始，一路走來我不曾放慢過腳步，我始終遵循著父母親對我的教育：「要成為一個有用的人。」「要非常有敬業精神。」哪怕我身體不如前了，對講課的熱情也日復一日中被消磨殆盡，還是不敢輕易放棄這二十年來我累積的成果。

現在的我才理解，幸福快樂不是去「避免」恐懼，而應是積極的「追求」使命。

直到二〇一六年，我才真的找到人生的使命感。那年我四十八歲，即將邁入人生的下半場，這份使命感來得並不算早。如果一直遲遲找不到人生方向，其實並不用著急，有時候使命感會在你意想不到的時刻出現，那一刻你的身心會有感應，會知道那就是自己想要做的事。

那一年發生了兩件重要的事。第一件，是憲福育創的兩位學生成功登上「TED×Taipei」舞台，把他們的專業知識與觀點，用「說出影響力」的方法論傳遞給大眾。這兩位學生一位是安寧緩和專科醫師朱為民，他曾在安寧病房服務十年以上，陪伴近千位臨終病人及家屬走過生命的最後旅程，一直致力於推廣預立醫療的觀念；另一位則是仙女老師余懷瑾，她分享自己班上身心障礙學生的故事，希望讓社會正視歧視和霸凌問題，用同理心對待特殊生。

在他們兩位之後，又陸續有不少學生登上舞台演講，像吳淋禎就是台灣第一位站上TED為護理發聲的護理師，推動基層護理的工作環境保障。這些學生都是說出影響力公開班的學生，在他們的身上，我意識到演說能力普及化的重要性，更確立了後來對於「麥克風加信念就可以改變世界」的使命感，我知道只要把說話的能力推廣給更多人，就可以讓更多值得大眾關注的事情被推上檯面。

第二件事，則是跟著景美台師大拔河聯隊去參加位於瑞典馬爾摩（Malmö）的世界盃室外拔河錦標賽，全程目睹她們一舉包辦女子組六面金牌。那一次，我深刻感覺到台灣體育在國外發光發熱帶來的震撼感，也更加堅信「一個國家要強，體育運動一定要強」背後所指的精神。

還記得那一年，我身處遠在天邊的馬爾摩，全場是來自世界各地的人們，我們的國旗被緩緩升起，耳邊響起那首從小到大聽了無數次的國旗歌，我看見所有景美女中代表隊的女高中生們齊聲唱起「山川壯麗……」，有個瞬間我忘記自己在哪裡，像是時空分離了一樣，在歌聲中我彷彿就跟這些國手們是一體，感動得淚流滿面。

那一刻，我知道自己找到了心中的火光，發現這世界上還有事情能夠真的點燃我。從那之後，我就知道自己工作的意義為何，我要努力推廣演說能力普及化，以及盡我所能的推廣台灣體育。當我找到心中的感動後，我不再感到疲憊，我的人生第一次出現這種感覺。

從那之後，我便一直計畫著退休一事，藉由「降載不停機」的模式，逐漸降低講課的比重，把更多時間留給更需要我、更能燃燒我使命與熱情的志業。終於在二〇一九年五月二十二日，我在生涯第兩千場授課講座中宣布退休，往後不再將演講作為主要收入，奉獻人生做更有意義的事。

光耀名字，而非用職稱添光

我父親還健在時，有幾次他把我介紹給隔壁麵店老闆認識，他都說：「這是我兒子謝文憲。」他從來不會說我是富比士雜誌亞洲前五十大最佳企業講師、千萬講師，或是知名專欄作家，頂多說我常常到大公司上課，還有在做廣播節目。偶爾我回中原大學演講，或是碰到以前念書時的同學、學長，他們也都是叫我「文憲」，從來不會叫我「憲哥」。

這提醒了我，我是謝文憲，而不是我身上的那些標籤。

我也曾害怕別人不知道我是誰、我做過什麼事蹟，但孔子說：「人不知而不慍，不亦君子乎？」當別人不知道你的成就，你卻不會因此感到氣憤或不平時，才能稱得上真正的君子。對內，你做過什麼並不重要，重要的是你如何待人處事；對外，真正厲害的人不需要頭銜支撐，只有不紅的人才需要一堆職稱陪襯。人一輩子要光耀的，其實不過就是自己的名字。

「你是誰」這件事不需要刻意營造，花若盛開，蝴蝶自來。回到初心，核心在於把「工作思維」轉成「服務與貢獻思維」，工作思維就是為了賺錢、升遷、達標而努力；服務與貢獻思維則是把工作中每一個遇到的人都服務好，人們自然而然會記住你、向你靠攏。

記得某一次我在外講課，上完課準備要走時，發現教室外頭有一個人等了我半小時，打了招呼才知道，他是我十多年前在台新銀行上課時教過的學員，他在路過時聽到我的聲音，就決定在門口等我下課，只為跟我打聲招呼。後來坐電梯準備下樓，沒想到又有一個人從樓上下來，追著我說：「憲哥好，我是遠東商銀某分行經理，十幾年前你在我們這邊上過課，我還是很懷念那堂課。」

比起千萬講師、亞洲最佳企業的授課講師這些名號，有沒有學生記得我、喜歡我上的課、在十多年後還會在路上跟我話當年，我想這才是我追求的價值，光耀我生而擁有的名字：「謝文憲」三個字。

15 接受失敗與不堪，就沒什麼好怕了

也許是因為講師這個職業有長期憋尿的習慣，從二〇一六年參加完瑞典世界盃拔河賽後，我的身體就開始出現一些排尿問題，發炎時痛得坐立難安，但我一直忍到二〇一九年正式宣布退休後，才終於在六月份決定去動手術，解決這個困惱已久的問題。

有一位「說出影響力」的學生曹智惟，剛好就是三軍總醫院泌尿科醫師，我便請他來操刀，替我刮除擋住尿道的攝護腺。準備回診前，曹醫師打電話給我說：「憲哥，你到的時候打電話給我，不管現在看到幾號，你打給我，我就會立刻出來找你。」我當下就有不好的預兆，果不其然，他宣布我罹患了初期的攝護腺癌。

有一剎那，我覺得很不真實，魂不守舍大概兩、三天，才願意正視這個事實。所幸醫師說我的風險很低，攝護腺癌的癒後也很好，接下來只需要多喝水、多上廁所、生活作息正常，此外，定期追蹤五年，只要五年後都沒有出現惡化，就算逃過一劫。

巧合的是，我的攝護腺手術安排在二〇一九年六月六日，曹醫師跟我說，他好不容易幫我排到第一台刀。我一聽到這個日期，身體忍不住微微發抖，因為我的岳父離世的那一天是二〇一三年六月六日，地點也同樣在三軍總醫院，我心裡其實有點抗拒。但沒想到，我不僅手術成功，也在早期就發現攝護腺癌，我想那是岳父在冥冥之中保佑我，祝福我能成功抵抗病魔。

病後決定賭一把：電影

確診癌症之後，我最先處理手邊的工作，並通知了幾位合夥人。接著休息不到一個月，我決定恢復工作，與疾病和平相處。我也開始自問：「如果今天就是我生命的最後一天，我還有什麼事情沒有去做？生命走一遭，我還有沒有什麼遺憾？」

因此，當知名諮商心理師許皓宜找我投資製作電影，而且還是我最愛的棒球題材時，我沒有猶豫太多就拿出一百二十萬，共同創辦了左外野國際影視公司。現在回想起來，這也許是個錯誤的決定，太過衝動就一腳踏進我未知的領域，但當時因為生病的關係，我覺得自己應該要賭一把，錯過了可能就不會再有機會。

但當時我犯了一個很大的錯誤，就是我想要當最大股東，想要有話語權，但最後證明我低估了這個產業的複雜程度，也高估了自己的能力。最終，拍電影這件事情不但沒有成功，更讓我再次陷入人生低潮，花了一年時間才又重振旗鼓。

這部電影名為《阿興》，故事內容以台灣二〇〇九年發生的中華職棒簽賭案為故事背景，描述一個與黑幫、棒球、愛情有關的台灣社會寫實電影。我們運氣很好，找到了王師跟王子維兩位知名電影人做監製。當時我們也用劇本向文化部申請輔導金，一口氣就拿到當年第二高的補助金額：一千萬新台幣。

但結果呢？我們什麼都沒拍出來，還白白花掉近三百萬元，輔導金更是沒去領，就直接把權利還給文化部了。尤其當時我們還跟外界募款，後來我們只能一個一個打電話跟人道歉，退還剩餘比例，甚至跟莊舒涵（卡姊）自掏腰包補貼大家投資金額的一〇%缺口。

在公司營運期間，還有一件讓我苦惱的事情，是關於電視劇的籌備。當時我們將籌組電視劇團隊與選角的工作委託給一個人，並提供三百萬的委任合約，但由於後來出現各種我們無力解決的挑戰，決定停拍原電視劇，希望他能將三百萬退還給我們，他卻說已經花掉七十萬，只剩下兩百三十萬元可以退還，不過那七十萬的工作成果，他也始終沒有完全交上。

這兩百三十萬也成為我當時長達半年的一段惡夢，因為對方人在大陸，有時聯繫得上、有時無法。我幾乎天天傳訊息給他，像討債公司一樣，最後隔了半年左右，他才把剩餘金額陸續退還回來。由於那筆三百萬是某基金會贊助的款項，一定得要回來，嚴重影響了我的情緒，壓力之大，現在想起仍感到餘悸猶存。

值得慶幸的是，在我們要回兩百三十萬後，就用其中的一百六十萬投入在我們的另一個電視實境秀「誰語爭鋒」上，成功完成第一季節目，另外七十萬則還給該基金會。

種種過錯歸咎原因，首先是我專業不足，我的能力與職位並不符合；第二則是合夥人間意見不同；第三則是碰上疫情。當時為了拍攝電影，我們簽了導演、編劇、監製、還有男主角莊凱勛，但這些訂金一毛錢都拿不回來，我也就摸摸鼻子認賠。

上天也許是透過這件事，讓我知道自己的能力是有極限的，我以前太看得起自己了，總覺得企業內訓一把罩、專欄可以寫、廣播可以做、還可以出十本書，我以為我做電影應該也會風生水起，但結果是：我不行。

後來，這部電影雖然無法在我們手中被完成，但由於劇本版權仍在編劇手上，他禮貌性的跟我們說，他會將這個劇本全部完成後再投一次文化部補助金，我回覆他：「沒有問題，你一定要把它寫完，如果拍成了，我會用行動支持你。」結果二〇二二年一月補助名單出爐，這齣電影劇本又拿到一千萬補助金，並且成功在二〇二三年九月份上映，但它已不叫《阿興》，而是《我最愛的笨男人》，這個當初讓我痛了很久的孩子，終於在他人手上順利誕生。

還記得當時決定不拍電影後，我跟其中一位股東莊舒涵（卡姊）開始一通一通電話向贊助人道歉，以金額來算，當時大約只能退百分之七十五，但我跟卡姐希望能做到善後，就自掏腰包把退還款提高到百分之八十五，希望盡可能不要辜負贊助人的善意。在這件事上，我直到現在仍然非常感謝卡姊，朋友之間就是憑一股義氣，在公司的大股東之中，唯有她陪我走完收尾的最後一段路。

當你心懷善意時，善意也會回過頭來累積緣分。當時有大約十多位贊助人都決定不收回贊助款，讓我們自由運用。於是我就把這六十萬元左右的公基金，拿來贊助社會與體育運動項目，並為贊助者組一個社團，每當我使用裡面的款項，例如贊助景美女中、舉辦公益演講等，便整理好帳目貼在群組中，並且在活動上秀出這些天使贊助人的名字。

經過這件事後，我跟太太說：「以後我還是當一個看電影的人就好。」雖然在籌備電影的那一年受盡心理折磨、花費極大的時間成本，但失敗仍有它最珍貴的意義——我明白自己不是全能的，我沒辦法妄想每件事都心想事成；但我也明白，當我心存善念時，這個世界仍會用更多的善意回饋給我。

單局驚悚劇，九局是喜劇

也許是因為我天性樂觀，雖然二〇二〇年碰到電影投資失敗，賠了時間又賠錢，但我還是很快轉念，過去的事就讓它過去，並且把逆來順受的韌性寫進我的DNA裡面——困境來，就讓它來吧！我接受老天爺給我的所有考驗，並且想像這些挫折，不過就是祂開給我的心智鍛鍊菜單罷了。

還記得一九九一年我媽媽中風，我跟我爸第一時間雖然很震撼、悲傷，但我們很快就冷靜下來，乖乖遵照醫囑治療，不會因為心裡著急就病急亂投醫；二〇〇六年初我在安捷倫科技角逐升遷失利，我就認清自己沒有那個能力，也順勢轉換跑道；二〇一九年罹患癌症，也是三天後就接受事實，把自己全然交給曹醫師，他要我怎麼治療我就怎麼治療，也不去強求偏方，而是順其自然。

人在低潮的時候要看見自己，高峰的時候看見別人，我人生中的高低起伏並不少，但當我遇上了，第一時間可以震驚、可以錯愕、可以忿忿不平，但一定要很快讓自己冷靜下來、接受事實，甚至回頭思考在過程中有沒有什麼地方做得不夠好。例如，我是否讓自己的身體過勞了？沒有按時喝水上廁所？是否過於自信、投資太衝動？先找出可以改善的空間，成為下一次的養分，但也沒有必要鑽牛角尖，把所有壓力都放在自己身上，而是理解人生本就有起伏，沒有永遠的贏家。

正是因為如此，我從來不求自己一帆風順、心想事成，人生就是上上下下，每段起伏都像疫苗一樣，打多了，身體的抵抗力就會更強。

在電影失利後，電視節目「誰語爭鋒」倒是成功播出了，而且電視台給了我們星期六晚上的黃金時段。但播出後我才發現節目收視率並不好，跟我預想的落差頗大，一開始我很自責與懊悔，覺得自己花了這麼多錢和時間，成果為何不盡人意？但回頭想，我又轉念告訴自己，這世界上有多少人有機會做一檔自己的電視節目？能把點子落實，已經很棒了。

寫專欄跟出書也是一樣，一開始我的文章點閱率很高，但二〇一六年之後就不斷下滑，我開始懷疑自己的文筆是否很差、觀點不夠犀利，但後來我也釋懷，那只是時代變遷下的紅利流失。寫書更是如此，在此之前出版的十本書，銷量一本不如一本。甚至做廣播更是一條漫漫長路，我從二〇一三年開始做自己的節目，至今也有十一年時間，中間三次報名金鐘獎，全都沒有入圍，要說沒有一絲遺憾，那是不可能的，但回過頭看，我知道自己在廣播的過程中幫助了很多人說出他的故事，也認識了各路英雄好漢，做廣播的價值不見得一定要入圍才能展現。

然而就在二〇二三年，我終於如願入圍金鐘獎了，雖然最後沒有抱回獎項，但我不再糾結於得失，而是感謝自己被看見，也感謝自己一路堅持了那麼遠。我常說：「人生就像球賽，單局驚悚劇，九局是喜劇。」就算在天不時、地不利、人不和的情況之下，只要我們盡量朝完美前進一點點、無愧於己心，走過一段路後再回看，肯定會是一場皆大歡喜的喜劇。

SEE，看見他人與自己

在面對低谷時，我很常重溫對我而言最重要的書之一——史蒂芬．柯維（Stephen Covey）的《與成功有約》（*The 7 Habits of Highly Effective People*）。書中提出高效能成功人士的七個習慣，我自己將其消化之後歸納為三個英文字「S，服務 Service」、「E，經驗 Experience」、「E，探索 Explore」，三個字合起來是「看見」

（SEE），在低谷時看見自己，在高峰時則要看見他人。

第一個字「S」象徵「以服務他人為思維」。無論今天你的專業為何、職業為何，只要能將工作思維轉換為服務思維，所有的成就都會隨之而至。尤其當你能服務愈多人，愈多人因為你而受惠，你的成就就會愈高。

第二個字「E」象徵的是「專業與經驗」。經驗來自於你的專業，當你能把經驗萃取出來，變成做事時的力臂，就愈容易在做事時達到槓桿效應。年輕時經驗不足、專業不深，會需要花很大的力量才能把一個鎖撬開，但當你的力臂夠長時，就能輕鬆的解決其他人解決不了的問題。

尤其在網路速度這麼快的世代，追求短視近利成為很多人的盲點，但世界上沒有不勞而獲的事，任何專業的養成都有其代價，哪怕是失敗的經驗，都可以是珍貴的累積。做電影這件事，雖然我無法分享成功學，但我卻可以分享失敗的原因，我甚至認為失敗的經驗，比成功的經驗更為可貴。

第三個字「E」則是「持續探索」。五十歲後，我花更多時間在做人生的探索，尤其在罹癌之後，更是拉寬了容錯地帶，那些以往我不敢做的投資、沒想過可以做的事，我全都欣然接受。電影電視的投資、牙醫創業的投資，我甚至做了台灣運動好事協會的理事長。我知道投資可能會虧錢，也知道自己根本不懂怎麼做一個協會的理事長，但如果不去做，怎麼知道我的能力跟底線在哪裡？有些人事物，一開始都不是你所想像的樣子，但是持續的做著，就會從裡面找到過往不曾看見的東西。

人是透過令人難忘的事件來衡量時間的，當你學習一個新技能、嘗試煮一道沒煮過的料理、去一個新的地方、認識陌生的人，這些生活的新奇事物會讓你對時間的記憶更深刻，並延長時間感。那些沒有什麼生活經驗，或是人生缺乏起伏的人，往往覺得自己的人生過得很快；但那些願意經歷新事物的人，對於自己人生長度的感覺則更長。

人的一生不是八十年、九十年，人的一生是美好回憶片段的組合。美好回憶不必都是好的，不好的回憶會痛，但痛過你卻會感激那些傷痕。若你現在仍在低谷中徘徊，接受它、甚至把挫折視為祝福，再爬起來時你會看見不同的自己，也能奮力登上更高的山峰。

16／在不知道的時候，你已打出全壘打

還記得二〇二〇年一月一日的〇點〇分，我跟我太太一起站在家中陽台，眺望中壢的跨年煙火，我一邊錄影，一邊對著外頭大喊：「二〇二〇！新年快樂！」把我太太嚇了一大跳。

隔天一早我去參加「鴻海獎學鯨」的頒獎活動，我記得郭台銘就坐在我隔壁的隔壁，中間則坐著劉宥彤。活動原本進行得很順利，突然主持人面容凝重，拿起麥克風說：「對不起，有緊急消息，一架空軍直升機墜落，包含總長沈一鳴在內的八位將官離世。」歡樂的氣氛瞬間掉到谷底，全場站立默哀。我印象很深刻，那是二〇二〇年的開始。

過了三個星期左右，迎來了農曆年節，初三那天一早我起床滑臉書，

發現全部的人都在討論柯比・布萊恩（Kobe Bryant）墜機的新聞。我大兒子一直是他的死忠籃球迷，他從房間出來，我說：「Kobe墜機了。」他瞪大眼睛看著我：「你說什麼？」我又說了一次：「Kobe從飛機上掉下來，走了。」他聽完後，轉身進到廁所，大哭了一場。

年節過後，全球新冠疫情爆發，迎來了更混亂的二月份。工作上，因為疫情讓實體課程大受影響，幾乎停擺；拍電影也狀況連連，情況急轉直下。家裡，我弟弟突然心肌梗塞，我爸爸也突然昏倒，接連緊急送醫，而我自己也狀況連連：左肩為五十肩所擾、開車出門被撞，簡直就像被倒霉鬼附身，所有壞事都在短時間內發生。

二○二○起的兩年間，可以說是我近期最大的低谷，尤其是二○二二年年初爸爸離世、辦完告別式之後，我來到人生最低谷的時刻，但也就是從這個最低點開始，我鼓舞自己打起精神，慢慢開始往上爬，一步一步，在二○二二年開始另外一波高潮。

過去的我不太喜歡線上課程，因為我總覺得人與人之間的互動，必須要靠線下課程才能展現，再加上我的講課魅力在面對面的實體課中能發揮得更好，因此我很少做線上課程。但當年遇上疫情，生活上又接二連三出狀況。我打了通電話給朋友、同時也是「大大學院」的合夥人許景泰Jerry，跟他說：「我爸爸過世了，現在滿低潮的。你以前叫我做線上課程我都不想做，但我現在想做些新的嘗試，你有沒有什麼想法？」他馬上回我：「來做商戰管理系列的課程吧！」

於是我們一起開辦「商戰CXO」線上系列課程，籌備約半年，找了十位業界高手當導師，從二〇二二年四月份招生、九月開始上課，一屆為期一年，招生達到六百多位學生，每一位的學費是三萬多元。第一屆的營收就來到將近兩千萬元，也讓我分潤不少，後來我就用這筆收益，加上我過去的存款，全現金買下中壢一間小房子作為舉辦演講私塾的書房，漸漸轉型為教練式的小班制教學。

那年我五十二歲，我再一次感覺到自己彷彿撥開了一些陰霾，回頭看一路上我走過了「職場工作者」的階段，也走過了「職業講師」的階段，在一次又一次的高峰與低谷中，我終於開始攀登另一座山峰，展開「使命推動者」的新階段。

人生危機，其實是使命危機

三十八歲以後，我就離開職場的工作，可能我的經歷與故事對大多數人而言，並非完全適用。但即使如此，我認為每個人在人生中遭遇的問題其實大同小異，我們有著共同的渴望、共同的需求、共同的困擾，也因為如此，我們可以用同一種思維來解決不同場景中發生的不同故事，並達到一樣的效果。

每個人在不同階段都有不同的挑戰，我三十多歲時在信義房屋當店長，當時遇到第一個的困境是：我會做業務，但不知道怎麼當一個好的店長。每一個職場工作者都希望自己在職位上愈爬愈高，薪水愈領愈多，愈來愈受到他人尊敬，但在這個過程中，會有很多需要突破的事，甚至是認

清自己的事，才有可能在過程中突破天花板，找尋人生的第一高峰

第二個常見的困境是家庭，當你從單身到結婚、從沒有小孩到有小孩，會開始發現自己的時間不夠用，要怎麼兼顧工作跟照顧孩子？要怎麼負擔保姆、奶粉、尿布這些費用？甚至在柴米油鹽醬醋茶之間，還有沒有辦法跟另一半保持關係的平衡？

職場鬥爭、薪資高低、職位高低、婚姻問題、家庭問題，這些都是年輕時會遇到的主要挑戰，也可以說是邁向高峰前的瓶頸。對任何一個三、四十歲的人而言，這些追求都是正常的，因為沒有一個人真心希望自己人生失敗，我這個時候不努力、什麼時候努力？

但是到了五十歲前後，來到人生下半場的第一分鐘，就像籃球比賽一樣，上半場二十四分鐘打完，無論差幾分，大家都想在下半場追回來，因此所有人都想更奮力地得分，可是你已經變老了，開始有老花了、體力不好了、不太能喝酒熬夜了……於是你以為自己遇到人生危機，再也沒辦法追求盆滿缽盈、功成名就、家和萬事興，你覺得長江後浪推前浪，就要死

在沙灘上了。

但不是這樣的，人生危機，不過就是使命危機。人生來到五十歲後，你知不知道自己想做什麼？如果這一生都在追尋外界對你的標籤，卻不知道什麼能讓自己感動、什麼做了不會感到疲倦，危機就來了，這就是你人生的使命危機。

雖然你的身體在老去，但仍然能選擇漸強而非漸弱的人生，因為漸強的不是身體的強度，而是心靈的強度。

這也是為什麼當我來到五十歲後，便以「降載不停機」做為我未來的人生哲學與價值觀。在《與成功有約》的書中提到，個人的成功或許容易達成，協助他人成功談何容易？因此我不再追求那些可以輕易被衡量的標準，如財富、名聲、人脈，而是在人生下半場找到「人生存在的理由」。

問問自己：「我是誰？」「我擁有何種專業能力？」「哪些是我的槓桿點，可以輕易做到別人做不到的事？」以我而言，我的使命推動就是「演說能力普及化」、「運動平權與外交」。而在追求使命的同時，也不必完全放棄人生上半場的努力成果，可以利用降載的方式，在人生使命、身體健康、生活無虞的三點間找到平衡點。

看！你已經打出全壘打了

在所有的電影中，《魔球》無疑是我所看過最精彩動人的一部。不僅因為它關於棒球，而是因為它探討了我生命中最重要的元素之一——使命感。布萊德・彼特（Brad Pitt）出色的演技讓電影的可看性大幅增加，尤其他扮演的主角角色不是球員，而是一位經營者，更讓這部電影充滿了直得探討的管理與人生哲學。

在電影之中，布萊德・彼特飾演的是當時奧克蘭運動家棒球隊的總經理比利・比恩（Billy Beane），他採用統計方法作為選擇球員和安排打擊順序的主要依據。他是職業棒球界中第一位採用這種方法的經理人，但現在早已被大多數職業棒球隊所採用。

當時，奧克蘭運動家是個沒有資源的小球隊，相比其他成功的球隊，預算可能只有不到十分之一。但比恩聘請了一位耶魯大學經濟學碩士作為數據幕僚，成功讓球隊在資金有限的情況下打出出色的表現，最終只差一場比賽就能進入世界大賽，但他們最後還是輸了。

電影的結尾場景中，比恩和這位幕僚深夜在更衣室交談，他開始質疑自己的方法，認為只有贏得冠軍才能算是成功。但幕僚卻放了一段影片要他看，只見影片裡，一位球員擊出全壘打，但在跑壘時絆到腳，擔心會被判出局，趕緊往回跑，他根本不知道自己打出了全壘打。「他打出了一支全壘打，自己卻不知道。」（He hit a homerun and didn't even realize it.）因為對失敗的恐懼使他無法看到自己的成功。幕僚藉由這個比喻，暗示比恩他已經成功證明數學分析的方式有用了，有沒有得到總冠軍，反而已經不再重要。

回到人生，為什麼我們會感覺到自己處於低谷？那是因為如果你把人生目標當成ＫＰＩ在執行，你認為唯有達到某個成果或獎項才是成功時，你就會因為達不到而感到痛苦；但如果你把人生目標當成使命與信念在執行，那麼你在過程中所做的每一件事都有意義，只要持續相信並努力著，就算沒有拿到第一，也是另外一種形式的成功。

如果我當講師，只想著我的年薪要達到多少、要去哪間企業上課、要被多少人稱頌，我的思維就是競爭，我想將別人比下去、拿得更多資源。但當我將工作思維轉為服務思維時，我知道我要服務的是這些學員，幫助他們獲得成功，當我能這樣思考時，其實我就已經做到了我想要的使命與價值。

價值與信念不是用數字來衡量的，人生真正重要的不是追求唯一或第一，也不用追求完美，那些都像總冠軍的獎盃一樣可遇不可求。反而，獎賞與名聲是你在追求信念的過程中帶來的附屬品，如果你拿到了、那很好，但若拿不到，你依然是打出全壘打的那個人，這是不會改變的。

極憲心法

- 如果能自由行走，誰想要被別人推著走？
- 人活著的目的不是為了生存而已，而是要為目標而衝刺，要努力放大自身價值、幫助他人。
- 藉由「降載不停機」的模式，我把更多時間留給更需要我、更能燃燒我使命與熱情的志業。
- 你一定要知道自己為何而戰，否則再多的財富與名聲也只會讓你感到空虛。
- 在低谷時看見自己，在高峰時則要看見他人。

Mindset 5

看見使命

在高峰時看見別人

人生是使命，不是事業。從 Taker 蛻變為 Giver，找回人與人間最純粹的感動。

一個人成功只是一人份的幸福，但當我們開始為他人的幸福付出時，那便是指數型倍增的幸福。

17／從 Taker 蛻變為 Giver

二〇二一年四月，我受邀擔任遠見天下文化舉辦的「知識春天饗宴——給開拓者的旅程」活動講者，在我眾多的演講場次中，那一天很特別，因為我竟然有機會跟我的偶像嚴長壽同台演講，而台下更是冠蓋雲集，坐著我出社會第一間公司的大老闆——台達集團創辦人暨榮譽董事長鄭崇華。

還記得一九九一年我進到台達電子上班，從一個小小的人資部門基層員工做起，事隔三十年，過往遙不可及的老闆卻坐在我面前聽我演講，這是我從沒想過會發生的奇蹟。如此一想，也覺時光飛逝，在經歷了多段職場轉變後，我一路走來全力以赴，才終於享有今日的舞台。

那一天活動結束，正當我準備收拾離開時，就坐在正前方的鄭先生主動向我打了招呼，甚至給了我一張他的名片，並對我說：「謝謝你這麼喜歡台達電，這是我的名片。」我當下受寵若驚，但偏偏我沒有帶名片在身上，只好一直向他道謝。

在高峰時看見別人

在台灣，鄭崇華先生的聲望與影響力絕對都是數一數二的大人物，而我雖然小有名氣，但與他相比，也只是一個小人物。他位居高位卻能主動向我遞名片、打招呼，一點都沒有架子，讓我深刻體認到為什麼他能受人尊敬，並成為社會的典範。

我很喜歡鄭崇華先生寫過的一本書，叫做《利他的力量》，書中寫到，在物資貧乏的八〇年代，只要產線達成每個月的目標，就會犒賞全廠員工吃雞腿外加一瓶養樂多。要知道，現在吃雞腿沒什麼了不起，但在那時卻是非常奢侈的一件事。

此外，還有一件事也應證了他關懷他人的性格。在許多年前，我弟弟的老婆也在台達電子上班，我聽他們說過，曾經有一次公司櫃檯被來路不明的人士惡意潑糞，總機小姐無辜受到波及。鄭先生知道後，第一時間並不是去追究哪一位同事與人結仇，或是查清事情來龍去脈，反而是交代人事部門立刻去買豬腳麵線給當天站櫃檯的總機同事，還親自包了紅包，向他們道歉。

從這些小地方就能看出鄭崇華先生謙遜和尊重他人的處事風格，無論他的社會地位有多高，他仍重視與每一個人的互動關係，並展現他對人們的重視。

這正是這個章節我想談的核心——在高峰時看見別人。看見別人的意思，其實就是看見自己的使命。唯有看見使命，前面四個章節所講的優勢、動力、連結與低谷，四個心法所匯總出來的分數，才能以指數的方式被無限放大，在有限的人生中，將生命的極限充分發揮出來。

前一個章節，我分享了自己人生低谷時的反思，是「在低潮時看見自己」，讓自己不再深陷過程中的挫折與迷惘，進而邁向人生的高峰；但邁向高峰只是里程碑之一，而非人生的結果或終點，因為一個人的生命要能真正的散發光芒，背後還有一個神祕而迷人的真意，是當你站在高峰上俯瞰一切時，你意識到，只有自己爬上來是不夠的，你還想讓更多人也看見這些風景，你想從低谷中拉起更多的人。

你的眼中不是只有攀登後的美景，更多的是看見自己的使命。

二〇一三年，美國作家亞當·格蘭特（Adam Grant）在他的書《給予：華頓商學院最啟發人心的一堂課》（*Give and Take: Why Helping Others Drives Our Success*）中提出了 Takers（接收者）、Givers（給予者）的概念，來探討人在待人處事上不同的態度和行為方式。

所謂的 Takers（接收者）是指那些主要關注於自己利益，並渴望從別人那裡獲取幫助的人，他們通常以自我為中心，追求個人利益；而 Givers（給予者）則樂於幫助他人且不計較回報，他們願意分享知識、提供支持與機會，並從中得到滿足感。根據格蘭特的研究，雖然索取者更容易在短期內獲得成功，但把時間拉長看，給予者更容易建立深厚的人際關係，獲得持久的職業和個人成功。

其實，每一個人的起點都是接收者，你先是一個嬰兒，需要他人餵養；而後你是一個少年，需要被教育、受人啟發；再來你是一個菜鳥工作者，你需要機會、需要資源、更需要發揮長才的舞台。接收並不是一件壞事，因為每個人都是從一無所有開始，必然需要受到貴人與他人的幫助，才有可能茁壯。

但更重要的是，當這個社會給了我們所有想要的東西，把我們托上了人生的高峰，回頭看這一路歷程，受到許多人的灌溉，但我們又曾給出什麼？

因此，當我們成為有資源的人後，更應反過頭來成為給予者，當別人的貴人。用我的話來說就是：「人生就是以服務為目的。」當我們有了這個念頭後，就是利他的開始。做為一個工作者，我樂於解決客戶的各種問題；當主管，我盡力幫助我的員工成功；做講師，我想辦法解決學生的困擾；當了父母，我也想方設法幫助我的孩子平安長大，解決他成長過程中大大小小的問題。

一個人成功只是一人份的幸福，但當我們開始為他人的幸福付出時，那便是指數型的幸福。從 Taker 蛻變為 Giver，是我人生下半場最關鍵的轉變，也是我突破危機感的關鍵思維。

從講師到表達能力推廣者

我大部分的名聲都來自於我講師事業的成功，尤其在溝通、演說與影響力的領域，更是我全力專攻的項目。這反映出台灣一個普遍的社會需求——多數人不擅長表達溝通，沒辦法好好展現自己。

你可以仔細回想，簡報就是職場中最不公平的競賽。一個員工平時努力認真，偏偏不擅長簡報表達，一開口就讓人忍不住打瞌睡；另一個員工平時表現普通，但卻說得一口好業績、邏輯清晰又有說服力，偶爾穿插一點幽默笑話，逗得老闆心花怒放。每當季報年報的場合到來，你覺得誰在老闆的眼裡更有影響力？

再將視野放大一點，這個社會上有許多專業人士，或是具有理念的倡議家，他們的專業與觀念若能被發揚光大，將對世界帶來正面影響。但事實上，華人社會偏重考試型的教育，很多專業人士很會唸書、學歷也很好，但卻不知道該怎麼把這些艱深的學問轉譯給一般大眾理解，自然無法擴大影響力。

想像一下，有兩個人都很想推廣克羅埃西亞的觀光行程，但第一個人選擇用剪貼資訊的方式，生硬的講述該國地形水文、農作物跟經濟發展史；第二人則是眉飛色舞跟你分享當地美食景點、打卡聖地與軼聞故事，你覺得誰更能吸引大家的注意，並且迫不急待想要飛到當地一探究竟？

這也是為什麼，我從二〇一九年之後就決定卸下企業講師的主要標籤，而把時間專注在使命推廣，並且在二〇二一年開始與王永福（福哥）、台大教授葉丙成一起創辦「台灣簡報溝通協會」，致力於將簡報能力結合說話能力，推廣到一般大眾身上。

我們設計了兩種程度的簡報證書，一種是基礎版（L階），只要有基礎的簡報表達技巧，就可以透過網路考取證書；另一種是進階版（H階），需要在三位評審的面前完成符合邏輯的七分鐘簡報，目前全台灣大約只有二十個人取得證書。

未來我們還希望可以推專家版（S階）證書，專門協助那些特殊需求的簡報，例如募資、提案，就像我當初拍電影時向文化部做提案一樣，有好的簡報技巧，就能得到更好的資源，幫助更多好點子在社會上萌芽。

此外，二〇二一年我跟劉宥彤、許皓宜等夥伴們一起推出的電視節目「誰語爭鋒」也是一樣，我們搭建了一個舞台，讓想要學說話、想好好說話的年輕人，可以藉此發光發熱，都讓我覺得努力非常值得。

如果演說技巧只在我一人身上，我當然可以把它變成商業模式來發財。但我問自己，那樣我會更快樂嗎？可能不會。

但如果我把這個技巧教給別人，讓更多人發揮他們真實的影響力，進而使這個社會變得更好，那才能讓我真正的感到快樂。佛家所說的「法佈施」，就是這麼一回事吧！透過教導說話技巧，我便能透過自身專業，創造比捐款更為廣泛的價值。

作為一個講師，我沒辦法推動台灣太空領域發展、沒辦法倡議醫療制度，我能做的事情其實少之又少。但當各行各業的專家來到我的課堂上，我可以教他們如何鋪陳議題，讓他們透過公式與技巧設計一段六分鐘的短講，勇敢站上 TED talk 的舞台，讓他們將自身理念散播出去。我沒辦法一個人改變社會，但我的學生一個兩個三個全部加起來，我相信沒有不可能。

我常常跟他們說一句話：「我只能教你麥克風，我沒辦法教你信念，你相信什麼、不相信什麼，我沒有辦法教你。但只要你有相信的東西，加上說話的技巧，我就會讓你改變世界。」

這也是為什麼，我對自己的公開班學生要求很高，他們一定要有想傳達的理念，先講一遍給我聽，我藉由專業協助他們精煉、打磨，最後變成閃閃發光的鑽石。如果學生什麼想法都沒有，只是因為這堂課名氣很高而來上課，我會主動退錢給他們，因為我不是為了賺錢開班的，這是我不變的初心，與對自己人生下半場事業的原則。

先成就自己，更有本錢給予

我很慶幸自己在人生低谷的轉變期，體悟到從 Taker 蛻變為 Giver 的價值與意義。如果少了使命感，人生就是陷入窮忙與缺乏意義的迴圈裡，哪怕賺再多錢、站上多高的位子，都無法領略能打中內心深處的那種快樂源自何處。

但我也認為，這種蛻變是需要過程的，它跟所有事物一樣無法一蹴可幾，需要時間沈澱、需要你先茁壯、需要你經歷一些低潮，它最好是人生的第二座山而非第一座山，你才能更好的發揮利他的效益與價值。

就像我不斷強調的「服務思維」，鼓勵大家把專業從單純的「生財工具」解放，昇華到「服務他人」的層次去思考，利他也應掌握核心的專業，比如我擅長宣傳與講課，這就是我可以拿出來協助他人的工具，當我解決他們的問題，就是一種利他的方式。

這個社會其實不乏善良的人，也有很多努力付出的給予者，他們提供時間與勞力做志工，貢獻了自己的時間給他人，這是非常偉大的事。但如果想要進一步把利他的行為放大，需要藉由「槓桿」的方式達成。例如做一些專業度更高的事，或是只有你才能做到的事，就能達到比普遍性志工更大的效益，即使是花費同樣的時間心力，卻能放大雙倍、五倍甚至十倍百倍的影響力。

願意付出的人當然都是懷抱善心，這毋庸置疑，但無法槓桿的事其實很消耗精神體力，做久了，難免容易累，尤其當你自己還不夠強大，還沒有建立專業跟創造餘裕時，你更容易問自己：「我自己都養不活了，還有能力照顧別人嗎？」因此，我相信要做到利他、要成為永續的給予者，第一要務一定是自己要先活得很好，當你過得很好時，自然有餘裕可以幫助別人。如果你連自己都還無法立足，先不要想著利他，應該先讓自己不要成為社會的負擔，不要成為父母的負擔，也是另一種利他的思考點。

哪怕是利他，最後還是考驗人在社會上的價值。你要先有價值，才能為他人創造價值。

18 做自己的明星球員，不如做別人的幕後教練

很多人看到我做什麼事都拚命往前衝、一副兵來將擋水來土淹的氣勢，都以為我什麼都不怕。但其實我很怕高，我有懼高症，我最常做的惡夢之一就是從很高的地方掉下來，有時候出國玩參觀當地最高建築，像是芝加哥 Willis Tower 位於一百零三樓的 The Ledge 觀景台，有聲名遠播的透明地板，別人享受鳥瞰芝加哥市的美景，我光是站在旁邊就會腳軟。

我記得二〇〇九年我去一間企業演講，以電影《衝鋒陷陣》（Remember the Titans）為題，講述企業要有凝聚力，最重要的三

個要素分別是：主管要帶頭衝、要有困難度、要有共同目標或共同敵人。在電影裡的展現，就是教練帶著一整團球員在凌晨跑步，一路跑向蓋茲堡戰役的遺址，在球員們身心俱疲的情況下來一場氣魄十足的訓話。明明已經累得半死，但卻意外讓人感動萬分。

就在課程結束後，那間企業的總經理很想一試，於是就在兩個月後舉辦了一場活動，邀請公司內部九位一級主管，還有我，一起到桃園復興鄉高空彈跳。我原本聽到他們要實踐電影裡的做法，覺得很感動跟振奮，但下一秒聽到高空彈跳，我連日期都沒問，就斬釘截鐵的拒絕。我說：「其他的我可以奉陪，只有這個真的沒辦法。」

懼高症是我一直沒有辦法克服的恐懼，但我的確曾經在他人的幫助下，成功克服過潛水的恐懼。

過去十年來潛水風氣愈來愈盛行，不少朋友都曾陸續邀請我一起去體驗潛水，我通常都以「我近視很深」拒絕他們，我雖然擅長游泳，但是潛水要到深不見底的海中，我又擔心自己看不清楚，所以一直感到焦慮跟擔心。一直到二〇一八年，我的好朋友兼夥伴福哥就瞞著我辦了一個活動，邀請了一些朋友一起到墾丁潛水，他表面上跟我說我不用跟著下去，但私底下卻請台灣潛水的老闆陳琦恩幫我訂做了一副近視一千度的潛水蛙鏡，他把蛙鏡拿到我面前跟我說：「有了這個，你再也沒有理由了吧！」

我心想，竟然如此，就試試看吧！後來我在教練的帶領下潛了兩次，因為水性還不錯，加上蛙鏡的輔助下，我發現潛水並沒有想像中恐怖。尤其教練很重要，他知道我會害怕，所以一開始會用兩隻手扶著我，慢慢的、慢慢的潛下去，直到我可以適應為止。

在這些面對恐懼的經驗中，我開始能夠理解有些學員面對舞台、面對大眾說話時所感到的恐懼。年輕一點時，我會不能同理這種感受，我想：「才要你講一分鐘而已，有那麼難嗎？」但後來我明白，上台講話對我而言是家常便飯，但對另一個人來說可能就是要了他的命，就像我如果被硬推著站上觀景台，很可能也會失去冷靜。

這時候我提醒自己想起那個扶著我潛下海中的教練，他是如何陪伴我克服我的恐懼？於是當我發現有同學不願意上台練習時，我就會開始給予他們鼓勵，讓他們相信自己也可以做到。

關於游泳還有一個小事可以分享。我的近視很深，所以以前沒有蛙鏡的時候是絕對不敢下水的，因為我不敢在水中張開眼睛。但兩年前有一次我去游泳池，忘記帶蛙鏡，那天就鼓起勇氣嘗試不帶蛙鏡游泳，會怎樣？於是我就直接下水，當我在水中第一次試著把眼睛打開後，我發現根本什麼事情都沒有發生，頂多就是有點不舒服，然後看不清楚而已，一點都不恐怖。

當你要跨出那一步的時候，其實心裡的恐懼，十之八九都是自己嚇自己。所以常鼓勵學生或朋友，車子不要停在車庫裡、把車子開出來，船不要停在港口裡、把船開出來，你以為人生沒路了，但開出來就有了。哪怕你不知道要開去哪裡，先把車子發動再說，發動了，恐懼就沒有了。

幫助別人克服他們的恐懼，就是教練的工作，也是我為自己人生下半場的新定位。

為什麼人生需要教練？

從二〇一六年開始培養選手登上 TED talk 舞台之後，我便開始思考自己的角色：我是想要握一輩子舞台上的麥克風，還是要鼓勵更多的人願意拿起麥克風，成為幕後的推手？如果用我最愛的棒球來思考，我是想要繼續做一個明星球員，享盡光環，還是做別人的幕後推手，帶領整個團隊成功？

愈是思考，愈感覺「講師」的輪廓漸漸淡去，取而代之浮現的則是「教練」兩個字。我不只想要當一個一次性的講師，我更希望能陪伴我的學員們，在他們的人生的關卡中起到提點的作用，讓他們每次都能帶著問題來找我，帶著方法回家去。

其實教練一詞，早就在我心中種下很深的影響。因為我最常在主管課程中提到的書之一，就是《教練》（*Trillion Dollar Coach: The Leadership Playbook of Silicon Valley's Bill Campbell*）。這

本書的主角比爾．坎貝爾（Bill Campbell）原本是一個大學校隊的足球教練，四十三歲進入矽谷工作，後來成為賈伯斯、貝佐斯等的矽谷巨頭的商業教練，教導這些領導者如何帶領頂尖團隊，並且提供人生中珍貴的智慧與哲學。

這本書中的最核心觀念是，優秀的主管必須先是優秀的教練，當一個人的職位愈高，他的成功愈取決於能否幫助他人成功。

無論是帶領球隊還是管理企業，坎貝爾深諳人性中希望被尊重與肯定的渴望，例如他強調，開會時的第一個問題一定要從生活開始，哪怕是跟賈伯斯等名人企業家開會，他也會問「週末去哪裡玩？」「孩子最近怎麼樣？」我想，假設有一天換成我當張忠謀的教練，我怎麼可能跟他聊這些？一定會戰戰兢兢的專注在專業或企業本身上吧？

從這個角度看，你會發現坎貝爾之所以成功，正是因為這些關於人性的關懷。一個人作為工作者，他的人生組合不會只有工作，而是工作加生活的組合體，當你跟對方聊日常、聊家庭、聊休閒，從生活面向去理解一個人，你才有辦法知道他的人生價值觀與思維方式，並挖掘出關於這個人的真實故事。

這種獨特的帶領方法，跟他曾經在足球隊中擔任教練有很大的關係。在球隊中，贏得球員的信任跟尊敬是很重要的事，而只有權威也許可以在表面上服人，但只有真的理解與關懷，才能打從心裡信任，球員也才會願意自己的缺點赤裸裸攤在教練面前，一個一個攤開來審視、調整與反省。

這是教練工作迷人的地方，也是我認為為什麼每個人都應該擁有人生的教練。你把人生奉獻在工作，把時間用在培養專業，但有沒有一個人能夠站在你的對面看你，點出你真實的缺點與盲點？當大家都因為社交禮貌而不斷互相奉承、抬舉時，你容易以為自己已經是領域佼佼者，但就算你有個大家都一清二楚的缺點，也不見得會有人願意跟你明講，但只有你自己看不到。

為什麼人一定要互相連接？為什麼不能一個人在家埋頭苦幹？為什麼你需要教練？因為你需要有人做你的鏡子，幫助你看見自己所未見的盲點，甚至可以點出一個你沒想過的新方向，這是教練最重要的功能。

我認為最好的教練不用一直給學生功課，反而是不斷對學生提出詰問，不斷刺激他反思，再一次又一次的靈魂拷問中，讓他的肌肉記憶自己生長出來，成為新的行為方式。

對於坎貝爾來說，他帶領的對象來自於不同企業、做不一樣的產品，他當然不可能理解這當中的所有專業知識，但他仍然可以作為一個傑出的教練，是因為他掌握了生而為人的核心，並能運用這些核心點醒企業大佬們。同樣的，我的學生們也來自各行各業，他們的專業也五花八門，有醫師、律師、老師、教授、專利法學博士，這些學員們在自己的領域都是有影響力的領頭羊，但當他們來到課堂上就是我的學生，我的工作就是讓他們在最短的時間裡吸收我過去十八年的專業精華，並回頭應用在他們自己的專業上。

演講是我的職業專業，但是對這些學生來說，他的職業專業可能是醫學、法學、或是電動車，他們一天二十四小時中可能有八個小時是在他自己的職業專業裡面，勢必不會像我在演講上有這麼多的時間去累積或練習，這時候教練就要用精髓的方式幫助他們，在短時間內可以抓到重點。

我從二〇二三年開辦私塾課，就是希望透過這樣的方式幫助學生看見自己的盲點，雖然小班制的營收較少，工作量也更大，但我可以確定自己是否解決了他的問題，這就是教練應該要扮演的角色跟工作。我們的工作是抬轎的，是退到第二線當輔助，當有一天學生跟我說，他在我的幫助下成功達到目標時，我作為教練就成功了。

幫助他人成功，就是成功

很多來上「說出影響力」或是私塾課的學員都是專業者，他們帶著目的來學習，基本上五年內都會在領域裡表現得很好，處處開花。反倒是跟風來上課的，通常都不了了之。

過去我們曾培養出多位學員登上 TED×Taipei 舞台，他們把自己專業領域中的重要觀念，藉由這個舞台傳遞出去，我相當以他們為榮。除了這幾個學員以外，還有各行各業的頂尖好手，有些是企業創辦人，有些是內部講師，有些後來也做了職業講師，有些人回到企業晉升高階，或者自己出來創業。

我希望我的課程不只教給他們技巧，更是灌輸他們一個想法：「麥克風加上信念可以改變世界。」

例如前面分享過的朱為民醫師跟吳淋禎護理長，他們所傳遞的價值不僅吻合說出影響力的精髓，更是吻合社會公益。他們兩個從一開始內向害羞、不太喜歡上台講話，到後來可以用完整的故事架構站上舞台，向大家宣揚他們的理念，我真的很為他們感到驕傲。尤其是吳淋禎，我到現在都還記得我是怎麼鼓勵她報名TED×Taipei的。

吳淋禎在課程上一直都表現得很好，因此某次我就邀請她來我們公司舉辦的年會上進行一場演講，也是引起大家熱烈的掌聲。中場休息，我在女生廁所門口碰見她，我笑著跟她說：「你故事講得這麼好，應該要上

ＴＥＤ。」她看著我說：「憲哥，不要開玩笑啦，我怎麼可能上ＴＥＤ？你不要開玩笑。」她一直說不要、不可能，講了三次之後，我換成嚴肅的臉跟他說：「我就問你一個問題，這些發生在病房中醫療暴力的故事，如果你不講，有誰會講？台灣眾多基層護理師的權益，有誰會幫他們維護？」

我繼續說：「你看，那些流氓敢打醫生嗎？沒有人！但是他們會欺負你們護理師，但誰幫護理師說話？除了你，沒有人了！」她聽完後沈默了一下，跟我說她要先去上廁所了，我們也就沒往下談。結果七個月後，她就報名了那一屆的TED×Taipei，成為台灣第一位站上ＴＥＤ為護理發聲的護理師。

我還有一位朋友，曾經做過十年的空服員，原本以為可以過平凡的幸福日子。沒想到經商的先生某天突然過世，留下一間專做車子鈑金塗料的公司，需要他代替先生來接班。

但她只做過空服員，根本不懂怎麼經營一間企業，還要帶著三個小孩，一開始天天以淚洗面，人生灰暗到極點，後來靠著身邊朋友的協助，一點點把公司支撐起來。二〇二二年，我到他們公司做了一場演講，去激勵員工、賦予工作動力、也不斷強調人生追求的價值，我不敢說自己實質上幫助到她什麼，但我希望我的激勵為她打了一劑強心針。事後，她常邀請我去員工大會或經銷商大會做演講，她彷彿掃去過往的灰色陰霾，對我說：「我有感覺，二〇二三年會翻身的，一切都會好起來的。」

比起我身上再多的光環、更高的收入，種種榮耀與頭銜，都比不上這一句「一切都會好起來的」，能幫助他人成功、幫助他人在低谷時重振旗鼓，對我而言就是我最大的價值。

19／先求意思，意義自然來臨

要找到人生的意義並不是容易的事，甚至若刻意用力去尋找，有時反而像緣木求魚。人生的目的與意義，往往是在無心插柳之中出現，尤其當你順著自己內心的聲音，或是單純覺得某件事好玩、有意思，不知不覺間你就投入在其中，時間拉長之後，某一天你驀然回首，發現自己早已擁有真心追求的意義。

很多人都知道，我這幾年花了很多時間在推廣台灣的運動，甚至因緣際會當上「台灣運動好事協會」的理事長，跟台灣第一位女性棒球裁判、同時是《通靈少女》劇本原型的劉柏君一起工作。我尤其專注在拔河、棒球、壘球跟身障棒球等項目，只要有比賽，我幾乎年年都會參與，盡可能把賽場上的故事分享在我的社群頁面，只希望有更多人關注這些相對冷門的運動，並且支持台灣的運動員。

但我是一開始就知道自己會走上這條路嗎？怎麼可能!?這個故事，要從二〇一四年，我擁有自己廣播節目「憲上充電站」第二年時講起。

這個節目一開始的想法是延續我企業講師的範疇，邀請一些企業高管來節目，分享他們的實戰經驗與管理故事，拓展知識工作族群的視野，鼓勵聽眾把握機會、採取行動。但因為我喜歡運動，也認為運動中提煉出的自我訓練精神對工作者也相當有助益，因此偶爾也會邀請運動員來節目分享故事。

當時一個朋友推薦一位馬術教練給我認識，希望能邀請一個患有腦性麻痺的年輕選手孫育仁上節目。孫育仁是台灣有史以來第一位打進殘障奧運馬術運動的選手，從小因腦中樞神經受損，影響了他的語言與行為力，讓他經歷不少歧視與霸凌。但他學會用馬術優雅的姿態與疾病共存，用賽場上的英姿讓人忘記他身上的病痛。

在節目過後，我一直在想，除了上節目之外，還有沒有別的方法可以增加這類型運動員的能見度？於是我決定串連景美女中拔河隊、中華民國身障棒球協會、腦麻協會以及罕見疾病基金會——巫爸一家等四個團體，共同舉辦一場「滴水穿石的人生逆轉勝」募款活動，讓我的學員們指導四個團隊的演說能力，並在活動當天上台說出他們的人生故事。

最後，這場活動的門票收入有二十萬元，平均一個單位可以拿到五萬元的贊助金。五萬元並不多，但對我而言意義卻很大，因為我不僅幫助到這四個團體，還讓我的學生有了實戰的經驗，同時參加活動的人也收穫了激勵人心的故事，三方都有所收穫，這是最珍貴的事。

這件事開啟了我的某個開關，成為我在講課、廣播、寫書等事務中，另一個我投注許多心力的第三條路——也就是運動慈善。

我特別支持那些在困境中靠著自己努力奮鬥的隊伍，像是身障棒球，他們帶著不完美的身軀，卻一樣可以打出令人驚豔的球賽，或是一些學校內的體育隊，不少學生家裡是單親或隔代教養，有些甚至有家暴問題，他們很需要輔導資源的協助。這些比賽的背後沒有明星球員、沒有電視轉播、也未必有大企業的聯名贊助，但他們身上的運動精神，絲毫不遜於那些熱門的大聯盟、NBA賽事。

你問我，支持這些運動為什麼會成為我的人生意義？我會說，它讓我在別人的世界中重新看見自己。我看見他們的困難，藉此回顧我生命中的困難，這不僅是一種自我療癒，也是我種下善緣的一種方式，它最後會以不同的形式回到我的身上。

單純興趣也能產生影響力

當開關一開，我整個人都動了起來。我不僅開始小額贊助我支持的隊伍，更開始了我出國看比賽的興趣。

我第一次以運動為主題的旅行，是二〇一四年飛到日本但馬參加第三屆身障棒球世界大賽，跟著台灣「戰神棒球隊」十幾位帶有小兒麻痺、右手肌肉萎縮、血友病、肌肉萎縮及視覺障礙等不同缺陷的球員一起出征海外，見識了「身殘心不殘」的真實含義，也讓我後來成為他們的應援團之一，連續三屆都出國幫他們加油。

第二個運動旅行則是在二〇一六年，跟景美臺師大拔河聯隊一起參加在瑞典舉辦的世界盃拔河賽。飛瑞典，是一個花時間又花錢的旅程，難道我真的熱愛拔河到了願意不計代價的地步嗎？其實我也不是完全沒有私心，首先，我本來就想去瑞典旅遊，第二，我長時間贊助景美女中拔河隊，難得有此機會，不是一舉兩得？

那一次瑞典拔河賽深深觸動了我，也讓我在庸庸碌碌的工作機器人生中找回了人性的感動，於是我嘗過甜頭後就再也停不下來，甚至開始想：出國看比賽這麼棒的體驗，怎麼可以只有我獨享？

隔年，我第一次揪團出國看比賽。我在臉書上號召了二十八個人跟我一起飛去韓國首爾看棒球經典賽。隔一個月，我又揪了八個人去中國徐州參加拔河世界盃，直到這本書完書前，我已經累計參加過七次海外比賽，揪了五團一起運動旅行，而且樂此不疲，一點都不覺得疲憊。

如果今天我只把旅行或運動當成嗜好，似乎是不務正業，但當我從中找到發揮綜效的地方，就可以一邊玩樂，一邊創造價值，讓興趣也能產生影響力，可以擁有利他的力量。

我的決策邏輯很清楚，第一個是喜好，第二個是社群或社交，第三個是線上跟線下串連，第四個叫公益，第五個叫旅行。只要做的事情跟這五個愈匹配，這件事情就愈值得做。

透過運動旅行，我達到了多重的目的：一是我可以旅遊舒壓、二是我可以看比賽、三是我可以結交深刻的朋友。這些人不是家人也不是親密朋友，觸碰出來的火花反而很不一樣。於是我就找到了一個新公式：運動＋旅行＋友誼，就是我現在喜歡的事。

其實，我的初衷只是單純覺得有意思，沒有想要達到什麼結果，但緣分自然會到來。

二〇二〇年，台灣運動好事協會的發起人劉柏君邀請我擔任協會理事長，她自己則是祕書長兼執行長。我印象最深的事情之一，是我們在二〇二三年五月五日辦了一場以女性運動員為主題世界攝影大展的頒獎典禮，募集了五十二個國家的一千多件與女性運動相關的攝影作品。頒獎當天蔡英文總統就坐在我前方，她上台時念到我的名字「台灣運動好事協會謝文憲理事長」時，我真的是想不到會有這麼一天。

但實話是，真正在努力做事的人都是劉柏君與協會同事，協會理監事們也都是有資源的人物，我能做的不過就是在行政文件上蓋章簽名，偶爾在公眾場合對外募款，或是舉辦演講而已。但我卻有這個機會擔任理事長，協助劉柏君推動運動平權，改善女性運動員的處境，實在是我從未想過的榮幸。

我認為，能把工作跟玩樂結合在一起是最有趣的，有時候先把嚴肅的理念放在一旁，先求有意思、再求有意義。因為你得先覺得好玩，才能做得持久；如果每次做完都氣力耗盡，你就沒辦法做到最後。

也許你無法一開始就找到一條路，完全符合你的想像，但唯一可以確定的是：車子不要停在車庫裡，把車子開出來吧！每天坐在家裡想也沒有用，你得自己去嘗試，自己去發掘什麼是你的心之所向。

跟拔河隊的不解之緣

在運動賽事的推廣上，跟我緣分最深的，莫過於景美女中拔河隊。

我是逢甲大學畢業的，拔河一直是我們最著名的運動項目，所以當二〇一三年電影《志氣》上映時我就相當關注，並成為我人生第一次包場的電影。當時我自掏腰包邀請了我的朋友一起看電影，也進而認識了電影導演跟拔河隊教練郭昇。好笑的是，他們還邀請我幫忙錄了一支宣傳廣告，在那年農曆春節播出，還記得我爸爸看電視時嚇了一跳，直問我：「你怎麼會上電視廣告？」

從那一年起，我就開始了跟景美女中拔河隊的不解之緣。從邀請他們上廣播開始，也幫他們辦活動、持續募款，二〇一六年跟二〇二三年更隨團到歐洲參加世界盃拔河賽。

還記得在拔河比賽的現場，郭昇會變成嚴厲的魔鬼教練，他總是說：「你要別人認識你只有一個方法，就是要贏他；你一直輸，他根本不會認識你，所以拿出你們的本事贏他。」哪怕他帶領的隊員不過是還尚未成年的女高中生，但他的嚴格與鐵血，把這群小女生們鍛鍊成一個個堅強的孩子，擁有比起成人更多也更堅韌的決心。

我在一六年的頒獎典禮上拍下一段影片，每一次在演講中講到這一段，台下總是忍不住掉眼淚。只見在會場上，大部分都是白皮膚生面孔，台灣只是一個小小的國家，但當頒發金牌獎盃時，全場放起國旗歌，全體隊員開嘴大聲唱起歌來，那種在遙遠的國度中聽到熟悉的旋律時，真的會全身起雞皮疙瘩。

而那一年，我們就拿下了六面金牌，囊括世界盃所有女子組賽事的金牌，贏得大滿貫。

二〇一八年，意外卻突然降臨。拔河隊總教練郭昇被酒駕司機撞傷，一度被醫生宣布下半輩子只能躺在床上。但他不服氣，出院後堅持每天復健，一年後便重回校園與拔河賽道，並在四年後的二〇二三年，再次帶領景美女中拔河隊前往瑞士參加世界盃拔河賽。

這一次我也跟著一起去了，而當中發生的故事更是令人感動萬分。

還記得我跟景美女中的領隊說，我要跟著他們一起去瑞士參加比賽時，他問我：「憲哥，你為什麼這麼喜歡跟我們一起去比賽？」我說：「沒有為什麼，我就是把郭教練當成朋友，如果比賽時王老師（郭昇太太）很忙時，我可以幫忙推輪椅，我想要陪他。」他又問我：「你都沒有事嗎？不用請假嗎？」我說：「我早就把時間留起來了！」

我想做的，只是想把郭昇的故事說出來，盡可能讓更多人知道。他作為一個國家隊的教練，遭遇車禍終身癱瘓這樣的重大挫折，還能夠第四度帶領國家隊為國爭光，這種精神難道不值得被傳頌嗎？但沒有轉播、沒有隨隊記者，這些故事有誰能記錄下來？比起留在台灣講課、工作，我認為這是一件只有我能做的事，我必須要親自去取材，把故事保留下來。

我自知自己曾經受到非常多人的幫助，因此在我關注的事情上，我也想盡一份微薄之力，就算這件事沒有回饋、沒有利益也無妨，這才是真正的利他精神。

想付出，結果得到最多

這一趟去瑞士，原本我以為自己是付出的一方，付出了金錢、時間，準備要個稱職的隨團記者，記錄當中的各種故事與片段，在社群上幫拔河隊大肆宣傳；沒想到命運卻跟我開了一個玩笑，不僅打亂了我助人的計畫，還讓我反過來變成被幫助最多的一方。

二〇二三年八月二十八日，我跟拔河聯隊在桃園中正國際機場會合，我跟學生們一起搭經濟艙前往瑞士。在飛機上，我發現所有的隊員都不吃飛機餐，我問：「為什麼你們不吃？」才知道，原來在抵達會場秤重之前，他們全隊都要挨餓，避免超出五百公斤的量級。從起飛到抵達會場秤重，早已過了二十四小時，這群小女生就這樣一路餓著肚子，卻像家常便飯一樣習慣了。

但這還不是最令我驚訝的事情，最震撼我的，是他們在一秤完重後就開始猛爆性的進食，只要是看到她們的時候，幾乎沒有一刻不在努力吃東西。原來，為了在比賽時有更好的表現，她們必須在接下來四天的賽程中增重共六十公斤，平均一個人要重五到六公斤。

這就是拔河隊想要奪金牌背後所付出的努力，試想，一群花樣年華的女孩們，要她們在四天內增重五、六公斤是多艱難的一件事？每一天，校長跟領隊會採買大量的麵包、烤雞、餅乾、甜食、香蕉等高熱量的食物，就算吃不下也要拚命吃完，那肯定非常不好受。

同時間，我一面看著她們努力增重、為比賽做足準備，一面卻得了重感冒，從抵達瑞士的第一天起我就頭昏眼花，喉嚨乾啞無聲，一路上咳個不停，本來想要拿著手機拍攝採訪紀錄，結果只能改成影像紀錄，因為我根本沒辦法出聲。

拔河隊的老師跟同學們看到我生病，在百忙之中還是不停地關心我，擔心我不好意思拿隊上的食物，還會主動拿到我身邊，要我趕快補充營養。同行的前體育署署長張少熙更是把我當自家人在照顧，還記得我抵達第一天發現自己忘了帶牙刷，他馬上去包包裡面拿出一支牙刷給我，晚上又來敲我房門，直接遞給我一整包阿聯酋航空的旅行包，他說：「我猜你應該什麼都沒帶，這整包都給你。」

二〇二一年張少熙因為戴資穎搭經濟艙參加奧運的事件而負責下台，當時很多人在臉書上罵他，那時我還在遠見華人精英論壇上寫了一篇專欄聲援他，今日看來，我仍深信他不是那種會犧牲運動員的官員，而是真正關心體育發展的推動者。

對我而言，這趟旅行成為一個很特別的經驗。過往，我總認為自己是付出者，是來推廣拔河運動的大聲公。但經過這一次，我才體會到，每一個人都會有需要別人幫助的時候，無論你是強者、弱者、有資源還是沒資源，當意外來到時，你都會有脆弱的時刻，你不知道自己什麼時候會需要他人的幫忙。

我很氣我自己生病，讓我沒辦法做到本來該做的事，還反過來受他們照顧與激勵，對他們實在很不好意思。但經歷了這個事件，我也更加堅定了我要持續從事運動公益的道路，尤其對於景美拔河隊，更像是我的第二個家，所有的隊員、老師都把我當成親友團的一員，哪怕我根本跟景美拔河隊一點實質上的關係都沒有，但在瑞士那幾天的回憶，卻讓我得到了更多珍貴的事物，那不只關於我付出了什麼、也不只關於我們拿下了破紀錄的八面金牌，而是關於我被一群堅定溫暖的人們包容接納的感動，我得到的、遠比我付出的多太多了。

20 降載不停機，漸強的生命旋律

回顧我的人生上半場，從學生時期意外找到天賦，到職場鍛鍊專業，再拋下一切重新開始講師人生，我努力衝、我當個 Yes-man，但挫折跟挑戰也從未放過我，讓我體驗到什麼是沒有靈魂的工作機器、什麼是痛失親人的恐慌、什麼是超出自己能力範圍的打擊。

五十五歲的我遍體鱗傷，但也磨練出一顆強韌的心臟，並且我領悟到：人生是使命，不是事業。

多少人的一生忙著追逐金錢、家庭、地位、物質、娛樂、健康⋯回想我還在當業務的職場早年，我也曾經拚了命的追求個人成功，那時的我還無法理解要如何幫助他人成功？利他又能帶來多大的滿足感？

直到二〇一五年陳畊仲醫師起，開始陸續有學生站上TED舞台大放異彩、我在瑞典馬爾摩聽見國旗歌飄盪在會場，我恍然大悟，在講師職業上我已經得以「退休」，但這不代表我要就此「停機」，而是改以「降載不停機」的心態，在專業與志業、在「工作」與利他間達到平衡。

我深信，生命的價值在於活成一道光，得以照亮身邊的人，也照亮自己的人生。這道光不會因為退休、降載而變得黯淡，反而是在我多年累積的專業與人脈連結下更加閃耀，哪怕身體漸老，仍能彈奏出漸強的生命旋律。

做一件只有你能做的事

回首過去三十多年的職業生涯，多數時候因為個性使然，我總把自己的工作行程排得很精實，一方面我也沒太多休閒愛好，一方面總想著「球來就打」，對大部分事情都是來者不拒。好處是我得到了各式機會，藉此排除不適合我的部分，另一個好處則是在財富上累積比較快，因為我幾乎把所有時間都貢獻給了工作。

但在真正找到使命感之前，縱使忙碌，我的心中卻總是帶著空虛感，覺得自己做了很多事，仍然像隻無頭蒼蠅一樣沒有重心。

直到二〇二一年疫情結束，我的父親離世，電影跟電視也收拾好殘局，我感覺自己肩上的負擔終於一掃而空，我心中有一個聲音告訴我，我要開始學會篩選事情，要知道什麼事情該做、什麼事情不做，甚至更極端一點去想：什麼事情只有我能做？

開始這樣想後，我就有了方向感：透過演說能力跟人脈資源，推廣我所相信的公益活動。

於是我把二〇二一年後的自己定位為「使命推動者」，我感覺自己變得更快樂，更自由，沒有事情綁著我、也沒有任何人或單位可以控制我。因此當邊境一開放，我報復性的參加一大堆錯過的體育推廣活動，包括景美女中拔河隊二〇二三年的世界盃、台灣運動好事協會的攝影大賽、在名古屋舉辦的身障棒球賽等等，雖然我自己不是球員，也不是教練，但我卻感覺自己全身上下的細胞都等待著大展身手，要拿起麥克風，把這些故事說給更多人聽。

這就是只有我能做的事，不管是什麼活動，只要叫我上台，我可以不帶手稿，只憑一隻麥克風就講一兩個小時，講運動、講激勵、講行動力，這就是我的人生，這就是我能做的事。因為人生不是事業，而是使命，所以當我在考慮自己要不要去做某件事情時，我的思考點是：我是不是比大多數人做得好？我是不是這件事唯一的人選，如果是，我就會去做，但像企業內訓這樣的工作，我已經確定它不是我現階段該執著的事了。

讓羽毛靜靜落下

我很喜歡經典電影《阿甘正傳》的最後一幕，阿甘送兒子上了校車，靜靜坐著，腳邊的羽毛又隨風揚起，飄在空中。那一幕，小時候看沒有特別的感覺，直到我某次看到導演訪談，才知道羽毛象徵的意義深長。

阿甘作為一個智商不足、但運動神經特別好的主角，他做了很多事、他不斷向前跑，他自己很可能也不知道為什麼要這樣做，但他不計原因與目的的結果，反而讓他在回過頭看時，早已有一群人跟著他一起跑。

羽毛代表什麼，有很多說法跟哲學探討。但我認為，羽毛就跟利他的精神一樣，阿甘不能一面回頭看一面跑，你不能帶著利益去利他，就像你愈想伸手抓取羽毛它就會飄地更遠一樣，你只能靜待它隨機落下。這種不強求但盡全力的精神，我非常喜歡。

我偶爾會去思考，對我而言什麼是真正的幸福快樂？我認為這是人生的終極考題，也是每個人都應該靜下心來思考的題目。我第一時間浮現在腦海裡的，竟是一個再簡單不過的答案——有事可以做、有人可以愛、有愛你的人。

住豪宅、開名車、子女飛黃騰達、位居高官，這些都不是我的答案。

有事可以做，很符合我工作狂的個性，我很怕沒有事情做，閒閒沒事幹對我來說反而是折磨。尤其在人生下半場，漸漸降低工作的比例之後，你想把時間花在什麼身上？想要做哪些事情？什麼事情值得你做？這些問題就變得格外重要。

而有人可以愛、而且有人愛我，這則是回歸到生命的最終奧義，我們無論做什麼事，還是要回歸到自己的歸屬感。這份歸屬感中有朋友、有親情、有愛情，這些元素堆疊出一個平凡的日常，可能只是一份很簡單的食物，跟家人去夜市逛街或是看了一部電影，雖然電影踩雷、在座位上睡著了，可是走出電影院，這仍是人與人之間最單純的快樂。

最後是最俗套的，但也是我在經歷母親壯年中風、離世之後的最大感悟：不想要有遺憾的話，就把人生中的每一天，當成最後一天來過。

在還能自由行動時，勇敢去嘗試各種不同的事；有害怕失敗的挑戰，準備四〇%就先衝；人多的地方不要去，而是找到自己獨特的專業與天賦；下雨天是勇者的天下，大膽把車子開出去；試著成為別人的貴人，用舉手之勞解決他人的無能為力；在人生低谷時看見自己，別被世俗標籤所困惑；從 Taker 蛻變為 Giver，找回人與人間最純粹的感動。

人生是使命，不是事業，不要追求將羽毛握在手中，讓羽毛自然而然落下吧！只要盡我們所能，活出閃閃發亮的每一天，照亮他人也光耀自己的名字，這就是我所熱愛的人生，這也是我所驕傲的謝文憲。

極憲心法

- 你要先有價值，才能為他人創造價值。
- 權威也許可以在表面上服人，但只有真的理解與關懷，才能讓人打從心裡信任。
- 能幫助他人成功、幫助他人在低谷時重振旗鼓，就是最大的價值。
- 做事情先求有意思，再求有意義，才能做得長遠。哪怕是休閒愛好，也可以透過綜效的方式達成多種效果。
- 對你而言，什麼是人生最終極的快樂？花點時間思考，當你想通這一點後，你就能清楚排序事情的優先順序，不再為小事煩惱，而能把最多的力氣花在最重要的事情上。
- 利他精神就跟羽毛一樣，你不能帶著得到好處的念頭去利他，沒有利益的事，依然願意去做，這才是真正的利他精神。

後記

《極限賽局》經典案例：九十八個月前種的花，今天才開

自從二〇二〇年五月，我的第十本書《如何創造全世界最好的工作》付梓後，我原本沒有什麼意願再繼續寫新書，時隔三年餘，天下文化到底對我做了什麼事？

契機就在二〇一五年十月。當時我受遠見天下文化事業群之邀，著手撰寫「遠見精英論壇專欄」，同一時間，我手上還有《商業周刊》「職場憲上學」專欄，另也才剛結束《蘋果日報》「職場蘋形憲」專欄，沒想到九十八個月前的決定，催生了《極限賽局》這本書。

二〇一七年我接了「一號課堂」的音頻邀約，錄製了「職場最前憲」節目，算是正式開啟合作的大門。我們之間的關係，也從僅僅是例行交稿的專欄合作，轉變成可以看見真人且能真實對話的深度交流。

隨後音頻安排我與陳鳳馨、黃健庭、周震宇、林芳燕等佳賓直播對談，到我幫天下文化重量級國外作者的新書上廣播通告，也接下周思齊、許皓宜新書的主持棒，天下文化給了我許多展現我舞台魅力與優勢天賦的機會。

用優勢天賦，帶動學習氛圍

最重要的事發生在二〇二〇～二〇二三這四年。

除了疫情肆虐外，二〇二〇年八月我接了一場影響我一生的信義誠品演講。這一場，我的許多好友都在現場，就連小弟弟、小妹妹、來往的過路客，都能受到我的號召，把現場擠得水洩不通。我針對來自三位重磅作者的三本重磅好書：《你要如何衡量你的人生》、《你是誰，比你做什麼更重要》、《這一生，你想留下什麼》，做出我對人生下半場的宣示與觀察。

二〇二一年四月，我參與了天下文化原定的知識跨年，因疫情延後而改名為「知識春天饗宴」的新北市政府千人演講。在演講陣容中，僅僅只有我沒有在天下文化出書，我到那時才感覺到，這個出版社是把我當自己人，事前甚至安排了我跟高教授等重量級嘉賓共進晚餐。可以說，這件事為出書埋下了重要伏筆。

沒多久，天來社長邀請我去天下文化內部演講，算是把我當自己人之後的重要起步，隨後的書籍行銷專案、雜誌行銷專案、媒體通告等，我都沒少過。

二〇二一年十一月，在新北市政府與侯市長對談《第二座山》活動，讓我充分了解天下文化對於經營書市的通盤實力，我更願意將本書推廣至高雄兩百人大場售票演講，與和泰集團高階年度演講專題。只要我能幫忙的，我都很樂意在不在乎出席費的情況下全力協助，只要是我喜歡的書，或是對於閱讀推廣有益的事。

二〇二三年四月，我與陳鳳馨在信義誠品針對《與成功有約》系列書籍的對談，看見了曙光，而曙光出現前，天來社長、佩穎總編不知道在過去幾年，當面邀約我出書過多少次？我明明知道自己不是一位頂尖的作家，為何他們會一直邀約我？我甚至問了熟識的朋友，「天下文化是不是也有約你？」

我知道書市很不景氣，出版業要做的就是把餅做大，而非互相攻訐，職棒球團的球星轉隊也見怪不怪，或許我的出現，就是一種以演講帶動出版，以個人舞台優勢天賦魅力，帶起學習氛圍的典型，至少我是這樣認為的。

過去半年，我走進天下文化一樓小房間錄音的機會很多，包含現在還客座主持了「天下文化相信閱讀——書房憲場」Podcast 節目，有次上「遠見 ON AIR」節目，他們知道我要來，社長竟然帶著一群天下文化重要幹部來會議室堵我，釋出百分之百善意，用我最舒服的方式跟我配合，我才點頭答應出書。

於是本書跟著《人生準備四〇%就先衝》改版計畫同步進行，天下文化甚至願意禮讓那本改版書先行出版，我觀察到這一點，我的業務敏銳直覺告訴我：「值得信任。」

要感謝的人很多，我想特別謝謝劉子寧小姐，為我人生的極限，譜出最美的樂章。謝謝在我的觀察中，善於團隊作戰的遠見天下文化事業群的每位好朋友，甚至社長還派出他不在集團工作的兒子，在我花蓮演講的場外，柔性勸導我出書，這樣連同外圍部隊都能齊心協力的團隊，我對本書的努力與付出，顯得渺小又微薄。我會努力的，不會讓您們投資在我身上的情感與資源付諸東流。

最後，我相信《極限賽局》一書也能證明三件事：

1、人人都需要業務力，包含出版業的每個位置。

2、比賽還沒結束之前，千萬不要放棄，賽局或許不是無限，至少能挑戰極限。

3、吾心信其可成，則千方百計；吾心信其不可成，則千難萬難。

以上是我與天下文化共譜《極限賽局》的經典案例，希望每位讀者都能體會一二。

二〇二三年十一月二十三日
出版前一個月於中壢家中

採訪側寫

遇見一個真性情的熱血大叔

劉子寧

經過密集的三個月相處與採訪，我對於憲哥有幾個深刻的印象：俐落、效率、勤奮跟真性情。如果說前三者是奠定他職業生涯成功的基礎，那麼真性情就是真正讓憲哥立體起來，並受人景仰的隱藏原因。

而憲哥口中的所謂「降載」，對於一般人來說，則是馬不停蹄，可見憲哥正常運作時，生活該有多可怕的充實！

教練嚴以律己，帶來巨大能量

憲哥不僅是優秀的講師，更是位頂尖的教練。

在正式採訪開始之前，憲哥就強烈建議我跟編輯筱涵一定要先去聽他講課，轉眼他就提供了整整一個月份的講課行程，要我們挑選，他說：「上課的時候才是真實的我。」於是我們很快就選定了某間運動企業的店長訓練營作為標的。

在總計十二小時的課程中，他從激勵講到管理，從教練講到利他，過程中穿插無數理論，最終收在經典的運動電影《衝鋒陷陣》。但最讓我印象深刻的地方並不是講課的內容本身，而是憲哥對於講課精髓的掌握。

一場能帶來反思與影響力的課程，並不全然與內容、知識有關，而是講者的態度與傳遞的能量。憲哥是一個對上課現場氛圍非常講究的老師，對於遲到非常嚴厲，上課期間也嚴禁同學走動、滑手機，甚至學員在回答問題時如果不夠完整，或想得不夠深入，他都會不留情面的直指缺點，讓每一位學員不敢輕慢，每分每秒都戰戰兢兢的認真學習。

一般企業內訓常見的「不得不來」的勉強，或是上課到一半分心去處理工作、回覆訊息的情況，根本不會在憲哥的課堂上發生。我猜想，正是因為憲哥很在乎，使得在場每個人都能感覺到他在乎的情緒，這份情緒不只關於上一堂課，更是關於人與人之間的尊重，也是關於對於「講課」這份事業的尊重。

我想，他所說的「真實的我」，真正的含義便是在此。我很少看見有講師這麼嚴厲，對於教育訓練絲毫不馬虎，更不會對鬆懈的學生睜一隻眼閉一隻眼。一直到參加完課程的兩個月後，某次採訪完憲哥之後，我才有點明白這份嚴厲從何而來。

那次採訪他分享了自己隨景美女中拔河隊出國比賽的故事。他說，郭昇教練在訓話的時候跟魔鬼教練一樣，常常把一群正值花樣年華的女高中生們罵到皮皮挫，「贏了不歡呼，輸了不許哭」、「讓別人記住你的唯一方式就是贏他」、「哭哭啼啼有屁用」，鐵血的程度，讓大多數隊員光是跟教練對視都會害怕。

但她們卻寧可被罵，也不要郭教練不罵人。在二〇二三年的世界盃上，有一場男女混合的拔河公開賽台灣隊只拿下第七名，賽後隊員們依照習慣集合訓話，照理而言，郭教練應該要怒吼斥責，但偏偏他什麼話都沒說，只說了兩個字：「解散。」後來張少熙前署長解釋，郭昇會罵人，表示他還在乎，不罵人，就是死心了。

由此推論，憲哥對上課紀律的要求想必也源於同樣原因。正是因為非常在乎，所以當學生不夠專心時，就會讓憲哥展現出真性情的那一面，他絕對不會輕易放過不認真的學生。

但憲哥嚴以律人，背地裏更是嚴以律己。

在他背著去上課的大背包裡，永遠都會帶著自己的筆電做備用，以防現場工作人員忘記在公用電腦下載講義檔案；他甚至還會自備音響喇叭，因為不能確定講課場地的音響會不會出事，要是真的出事，少了音樂的課程，可就不是憲哥的課程了。（有上過憲哥課的人一定都懂為什麼！）

此外，憲哥還有一個「一個月法則」，每一個任務他都會提前一個月做準備。例如，今天是十二月二十三日，那麼他就會先去看一月二十三日的行程是什麼？如果當天有企業演講，他就會在一個月前的這一天做好簡報；如果當天沒有行程，就可以很輕鬆的安排時間。這樣的原則讓他做任何事都不會緊張，也能做好萬全準備。

難道憲哥腦中有台讀稿機？

採訪憲哥的過程，跟我過往大部分的經驗都不一樣，不管我問什麼問題，憲哥都只需要五秒鐘，就能像排演過一樣，把故事的結構、時間序、因果與影響等，猶如演講內容一般說給我聽，完整的程度直逼男主角的台詞，從口氣到台風都過於穩健，讓我不禁思考，是不是我問的問題都太簡單了，憲哥要嘛在課堂上已經講過、要嘛在之前的專欄寫過，所以才能如此有條不紊的回答問題。

我決定採取突擊戰術，故意在採訪中穿插沒有出現在訪問大綱的問題，甚至是一些偏題的問題，看看憲哥是否還能施展他完美的演說魔法……。

於是在某次採訪，我問他：「如果可以選，最想要有什麼才華？」「最不喜歡自己什麼個性？」「最害怕的事情是什麼？」「擁有什麼最奢侈的東西或特質？」心裡正在竊喜，以為憲哥會猝不及防，沒想到他卻欣然接受挑戰，開始逐題回答我這些刁鑽的問題，最驚人的是，這些問題最後竟然都可以回到核心，緊扣本書的主題，至此，我甘拜下風。

我想，憲哥的腦袋裡大概真的藏了台讀稿機，不管你丟來什麼難題，都能在幾秒之內生成完美的答案，讓他不疾不徐的回答每一個問題。

對了，偷偷出賣一下憲哥，唯一一個跟本書不符，稍有歪樓的問題，大概就是「擁有什麼最奢侈的東西或特質？」憲哥的回答是：「女人緣。」希望廣大男性朋友與憲哥太太不會介意。

其實，憲哥的好人緣並非只限於女性，而是男女老少通吃。從臉書上、課堂上、私塾上，都可以看見憲哥廣結善緣的結果，人人都喜歡向他聚集，也喜歡跟他分享自己生活中的事，更喜歡像憲哥請益，解決自己碰上的人生難題。

他做得到的，人們會相信自己也能做到

尤其在一次私塾的聚會上，地點就在憲哥的書房，他耳提面命學員不准帶禮物或東西，結果時間一到，只見每個人抵達書房時都是滿手小吃、水果跟飲料，「這個真的很好吃，憲哥你一定要試試看！這是我們當地最好吃的！」從學員的眼神中你可以看出這不是客套的禮數，而是朋友間真心推薦美食時，閃閃發光的真誠。

我認為這是憲哥真性情帶來的另一種人格魅力，他在課堂上嚴厲有威嚴，但下課之後卻會立刻變回平凡大叔，沒有架子也沒有偶像包袱。他從不把自己打扮的高高在上，或是高調炫富，他就是一個率性大方、直接又熱情的隔壁大哥或叔叔，親切的關心你的狀況。

就是這樣一位不平凡的平凡大叔，他說出來的話更給人一種「我也做得到」的踏實感；當他踏上人生的第二座山，開啟利他的志業時，也更有帶著眾人一起往新方向前進的動力。憲哥的魔力便是，他做得到的，人們會相信自己也可以做。

我很榮幸自己有機會採訪並撰寫這本書，我得到的激勵實在不勝枚舉，也希望讀者們在看完之後也跟我有一樣的感受。

國家圖書館出版品預行編目（CIP）資料

一極限賽局：人生有限，但你能創造極限的5個心法／謝文憲著；劉子寧採訪撰文. -- 第一版. -- 台北市：遠見天下文化出版股份有限公司, 2023.12
面；　公分. --（工作生活；BWL099）
ISBN 978-626-355-577-8（平裝）

1. CST：成功法　2. CST：自我實現

177.2　　112020756

工作生活 BWL099

極限賽局

人生有限，但你能創造極限的 5 個心法

作者 — 謝文憲
採訪撰文 — 劉子寧

總編輯 — 吳佩穎
副總編輯 — 黃安妮
責任編輯 — 陳珮真、黃筱涵
美術設計 — 木木 Lin
圖表製作 — 邱意惠
內文排版 — 張靜怡、楊仕堯

出版者 — 遠見天下文化出版股份有限公司
創辦人 — 高希均、王力行
遠見・天下文化　事業群榮譽董事長 — 高希均
遠見・天下文化　事業群董事長 — 王力行
天下文化社長 — 王力行
天下文化總經理 — 鄧瑋羚
國際事務開發部兼版權中心總監—潘欣
法律顧問 — 理律法律事務所陳長文律師
著作權顧問 — 魏啟翔律師
地址 — 台北市 104 松江路 93 巷 1 號 2 樓
讀者服務專線 — (02) 2662-0012 ｜傳真 — (02) 2662-0007；(02) 2662-0009
電子郵件信箱 — cwpc@cwgv.com.tw
直接郵撥帳號 — 1326703-6 號　遠見天下文化出版股份有限公司

印刷廠 — 中原造像股份有限公司
裝訂廠 — 中原造像股份有限公司
登記證 — 局版台業字第 2517 號
總經銷 — 大和書報圖書股份有限公司 電話／ (02) 8990-2588
出版日期 — 2023 年 12 月 23 日第一版第 1 次印行
2024 年 7 月 19 日第一版第 6 次印行

定價 — NT 400 元
ISBN — 978-626-355-577-8
EISBN — 978-626-355-594-5（EPUB）；978-626-355-593-8（PDF）
書號 — BWL099
天下文化官網 — bookzone.cwgv.com.tw

天下文化

BELIEVE IN READING